GIORGIO COZZI

CENTOIDEE

"21 idee te le do io e 79 le trovi dentro te"

ISBN: 978-0-244-62268-8

INDICE

PREFAZIONE

"Giorgio tu usi spesso l'espressione mettevi questo nel taschino, perché non pensi a mettere in un libro le idee, i trucchi, i metodi, le creatività che talvolta in aula indichi ai partecipanti ai tuoi corsi?"

Ci ho riflettuto, il suggerimento è tutt'altro che balzano. In aula capita spesso di vivere momenti magici in cui tiri fuori un'espressione vincente, una frase giusta, un consiglio eccellente. Non tanto per merito tuo personale, quanto piuttosto per la sinergia che si scatena in molti gruppi quando ci si confronta su tecniche, metodi, modalità, modelli, che vengono dal Management e dalla Psicologia e che trovano il terreno per attecchire in modo sostanzioso.

Sì, mi son detto, può essere una buona idea. Se nel momento magico dell'aula certe opportunità appaiono lampanti, efficaci, produttive, perché non offrirle anche a qualche altro taschino ben aperto?

Nessuna pretesa di riscoprire l'acqua calda e nemmeno di avere la bacchetta magica in mano, tuttavia certe espressioni, certi comportamenti, che nella vita reale non è sempre facile mettere in campo, possono essere suscettibili di aiutare le persone a trovare una chiave giusta nelle tante situazioni manageriali che si vivono in Azienda e sul Mercato.

Lo spirito con cui ho affrontato questo lavoro è basato sul fatto che non si ha più il tempo per leggere contributi di Management, quindi massima sintesi.

È anche ispirato a un principio scientifico della ricerca neurologica: per installare una nuova abitudine occorre ripeterla per 21 volte, quindi dal lato cognitivo bisogna passare alla pratica quotidiana per cambiare in meglio.

Mi rivolgo pertanto alla gente di spirito che non vuole tanti paroloni sofisticati o misure troppo lunghe e complesse per reagire agli stimoli, talvolta nocivi o indesiderati, delle relazioni umane, bensì semplici, veloci, diretti modi di risolvere situazioni e conflitti o semplicemente di essere più efficienti ed efficaci, come ci richiede il mondo (stressato) dei nostri tempi.

Buona lettura, dunque, con massima umiltà e un pizzico di humor, per stemperare l'insorgere di eccessi nevrotici o paranoici del vivere attuale.

IDEA N° 1

"Conoscere te stesso" più di duemila anni fa era l'indicazione chiave dei filosofi greci. Oggi le più recenti psicologie battono ripetutamente su questo eterno tasto.

Deve essere importante, altrimenti se ne parlerebbe meno e si farebbero meno ricerche orientate a sviluppare consapevolezza.

Dunque, caro il mio partecipante a questo corso, parti da lì, magari con la disponibilità a scoprire che sai poco di te stesso e che sarebbe ora di guardare un po' di più a come sei veramente.

Jo e Hari, studiosi americani, ti vengono in aiuto, sostenendo che la personalità non è un monoblocco, bensì presenta molte sfaccettature e ne presentano 4 definendo una "finestra dell'IO" che può aiutarti a comprendere com'è fatto il mondo.(Fig.1)

LA FINESTRA DI JO-HARI

	NOTA A ME	IGNOTA A ME
NOTA AGLI ALTRI	AREA PUBBLICA	AREA CIECA
IGNOTA AGLI ALTRI	AREA NASCOSTA	AREA SCONOSCIUTA

Fig.1

In realtà serve per aiutare la tua consapevolezza e, se ne hai voglia per allargare i tuoi orizzonti relazionali.

Nella finestra dell'IO puoi individuare una parte di te che è nota a te stesso ed è anche nota agli altri, rappresentando un IO PUBBLICO o manifesto. E' proprio così, tu sei fatto in un modo che conosci bene ed è anche chiaro per gli altri. Su questo piano la relazione è autentica, interagisci sulla base di qualcosa che controlli e che gli altri sanno come prendere.

Una finestra presenta anche altre facce, ad esempio c'è una parte di te che ti è ben nota, sono i tuoi valori, i tuoi principi, le tue convinzioni che tieni per te e che sono ignoti agli altri, a meno che tu li riveli: l'IO NASCOSTO, nel senso che non è visibile agli altri. E' legittimo, non si può essere totalmente esposti, nudi, nella relazione, tuttavia la dimensione più o meno ampia, può influenzare notevolmente le relazioni.

Per riprendere il vecchio motto filosofico greco, la terza parte è quella più importante, infatti è una parte di te che per gli altri è perfettamente nota, sanno chi sei, quali sono i tuoi atteggiamenti, il tuo modo di porti, la tua natura, ma tu non la vedi, non te ne accorgi e diventa una parte della tua personalità che non domini: l'IO CIECO. Il feedback dagli altri può aiutarti a conoscerti meglio, tuttavia la tendenza naturale è di non riconoscersi affatto in ciò che gli altri ti dicono.

Rimane un'ultima parte che è l'IO SCONOSCIUTO, o vai dallo psicoanalista, o fai un percorso spirituale di autocoscienza, oppure quella parte rimane nell'inconscio sia per te che per gli altri.

OK, la tua obiezione è corretta, non siamo tutti uguali, perfetto.

Dunque puoi immaginare che ognuno possa comprimere od estendere la conoscenza che ha di se stesso, nelle due direzioni: o si rivela, esponendo ciò che pensa realmente e che prova dentro sé, oppure raccoglie le percezioni che gli altri hanno su di lui, oppure entrambe o nessuna delle due. (Fig.2)

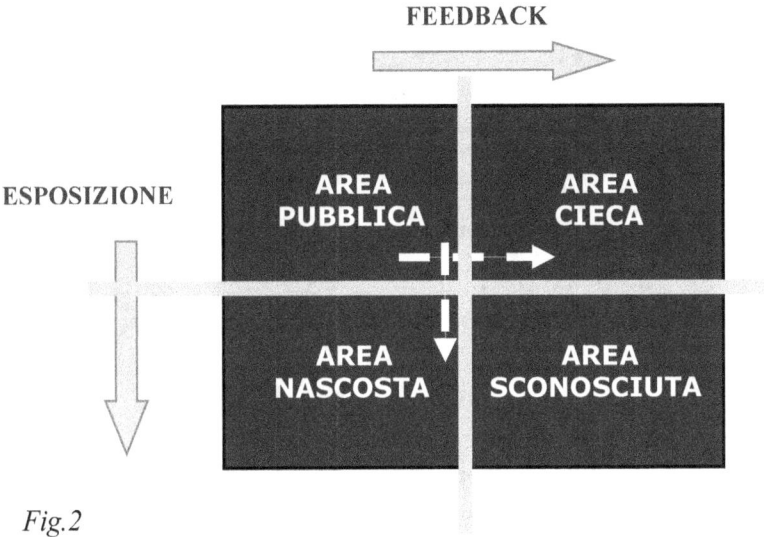

Fig.2

Vediamo cosa può succedere: minima esposizione, minimo feedback uguale persona chiusa, che interagisce poco, che è molto riservato e ascolta poco gli altri, proprio quel Cliente di cui mi stavi raccontando poco fa, sfido che è difficile prenderlo. (Fig.3)

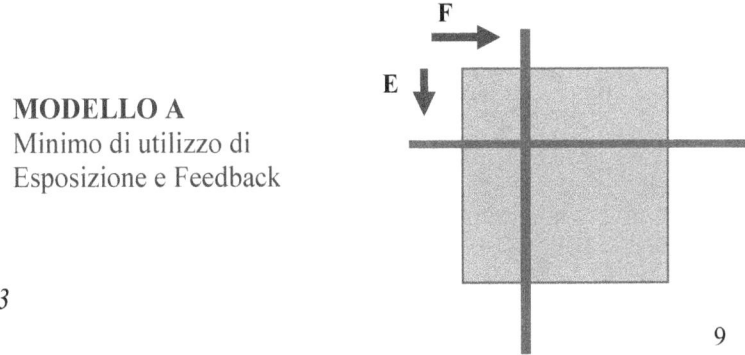

MODELLO A
Minimo di utilizzo di
Esposizione e Feedback

Fig.3

Una seconda possibilità è massima attenzione al feedback e minima di esposizione, chiedere molto e dire poco, giocare un po' di potere nella relazione, tipico di chi tende a manipolare piuttosto che ad affrontare apertamente, il rischio è di rendere poco autentica la relazione, quindi ampio IO NASCOSTO. (Fig.4)

MODELLO B
Ridotta Esposizione,
importanza data al Feedback

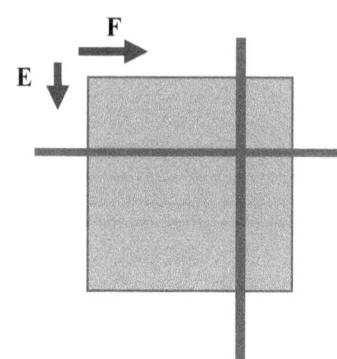

Fig.4

Ben diverso è il caso di chi presenta massima esposizione, minimo feedback, vale a dire persona che dice molto di sé, che svela i suoi principi e valori, ma che ascolta poco e non riconosce le percezioni altrui, quindi grande IO CIECO che è un potenziale non individuato di crescita. (Fig.5)

MODELLO C
Estesa Esposizione,
scarso Feedback

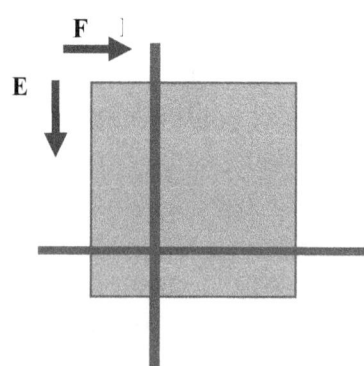

Fig.5

Ad esempio quando mi citavi le difficoltà di sintonia col tuo capo adesso puoi capire come leggere quella relazione poco fruttuosa.

Ripensa al role play di prima, ti sarai accorto che avevi assunto una posizione difensiva e che non ti sei mai esposto, forse ciò è dovuto al ruolo assegnato e forse è un pochino anche la tua natura. Va bene che nel commerciale può essere giustificato, peraltro è vero anche che se tale modo si esprime in tutte le relazioni, rimane la sensazione di persona che sta un po' sulle sue. Capisci che anche se è solo una percezione, non per questo è meno vera per il Cliente.

Metti nel taschino questa possibile interpretazione.

La quarta possibilità è rappresentata da massima esposizione e massimo feedback, esibendo una parte PUBBLICA molto ampia: ci si conosce e ci si fa conoscere, la relazione è certamente più autentica, soprattutto si riduce al minimo la parte sconosciuta, per forza di cose, quindi meno tempo dallo psicanalista e relazioni più sane (mettere nel taschino, please). (Fig.6)

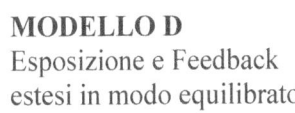

MODELLO D
Esposizione e Feedback
estesi in modo equilibrato

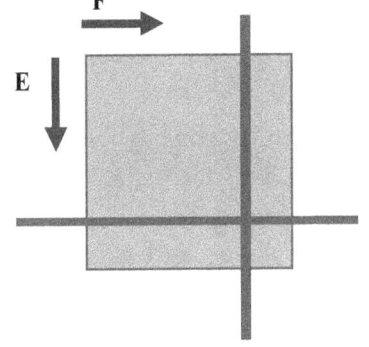

Fig.6

In questo viaggio all'interno del taschino occorrerà avere la disponibilità a mettersi in discussione, già ma questo è un prossimo spunto.

IDEA N° 2

Dove inizia una relazione? E soprattutto come inizia? Tutti voi vi ritrovate spesso a vivere circostanze nelle quali incontrate persone sconosciute e stabilire una relazione non è mai facile e meno che meno scontato.

Cosa ci dice l'esperienza? Ci troviamo subito bene con persone che parlano di cose che ci piacciono, che affrontano temi che ci fanno sentire a nostro agio, che sono rapidamente in sintonia con noi.

Ogni essere umano ha una propria zona confort e vuole preservarla, quando si sente minacciata tende a resistere e ad assumere atteggiamenti ostacolanti. (Fig.7)

LA MIA CONOSCENZA – LA MIA FORZA
Il mio controllo – i miei risultati

Utilizzare la mia energia e la mia forza per le cose che posso cambiare – in questo modo rafforzo la mia visione d'insieme e la mia forza personale

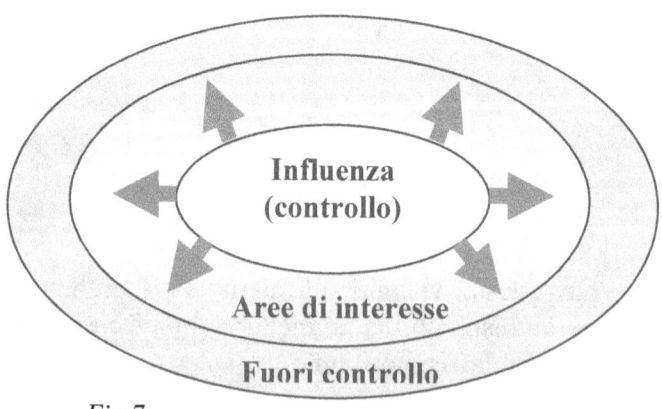

Fig.7

Per converso quando nella zona confortevole si sente ben protetta la persona assume più facilmente atteggiamenti positivi e tende ad instaurare un rapporto efficace.

Una persona entra in Negozio e dopo pochissimo assume un atteggiamento che dipende da fattori rilevati nell'ambiente. Un nuovo collega arriva in Azienda e subito scattano da una parte e dall'altra segnali di riconoscimento o di disconoscimento. Un Ispettore ci raggiunge in fabbrica e immediatamente sviluppiamo la sensazione che si lavorerà bene con lui o no.

La nostra parte inconscia è velocissima a registrare simpatie e antipatie iniziali, che certo poi potranno anche cambiare con l'approfondimento della conoscenza, tuttavia la prima impressione è influenzante al massimo.

Da cosa dipende? Parliamo prima dell'inconscio: il nostro scanner mentale rileva l'immagine somatica dell'interlocutore e la compara con immagini simili del passato che possono essere vissute positivamente o negativamente, generando simpatie o antipatie.

Per questo appare importante, anche nel vostro lavoro, scegliere abiti e portamenti coerenti con il contesto, riconoscibili dall'interlocutore come appartenenti ai canoni medi della categoria.

Per questo è ancora più importante il sorriso che segnala "ho piacere di essere qui e di incontrare te".

Per questo è ancora più importante evitare il burocratico "Dica…" o altre simili espressioni poco incisive.

Altrettanto vale per la stretta di mano, moderata e franca che comunica ancora di più la nostra natura.

Tutti questi elementi incidono sulla percezione che gli altri hanno di noi, determinando maggiore o minore fluidità della relazione successiva.

Tutti voi avete certamente sperimentato queste situazioni.

La tecnica che vorrei vi metteste nel taschino è di cercare subito un elemento di somiglianza, in modo da costruire un "ponte" per entrare in contatto con l'altro. Se è vero, come abbiamo detto all'inizio, che si parla volentieri di ciò che ci piace, ci appassiona, allora trovare rapidamente un argomento che metta sullo stesso piano noi e l'altro, facilita enormemente lo sviluppo di una sana relazione. Gli argomenti possono essere tanti: la commessa riconosce la particolare mise della Cliente, il collega dice che anche lui è lì da poco, il Manager di fabbrica afferma di essere uscito dalla stessa scuola o di aver già avuto rapporti positivi con gli Ispettori. Un Venditore osserverà qualcosa nell'ambiente e ne parlerà con spontaneità. (Fig.8)

Fig.8

È facile ed è un comportamento naturale, perché mette a suo agio entrambi gli interlocutori.

Ponti dunque (somiglianze), già, ma poi perché siete lì? Bisogna necessariamente portare delle buone ragioni per comunicare, delle differenze che interessino l'interlocutore, che lo coinvolgano, che lo rendano attento. Il Cliente dice sempre "Cosa c'è di nuovo?" dunque è interessato a conoscere, sapere novità e il Venditore deve essere sempre pronto, dopo aver sintonizzato con le somiglianze, a stimolare con argomenti e fatti nuovi. La Commessa presenterà un capo appena arrivato e pubblicizzato sulla rivista X, il Collega mostrerà le iniziative svolte dall'Azienda che la rendono un luogo dove trovarsi bene, l'uomo della Produzione farà vedere l'ultima procedura instaurata.

Si, la vita è fatta proprio così, di continuità per trovarci bene insieme e di discontinuità per essere attratti, coinvolti, interessati: l'importante è mantenere la sequenza, prima le somiglianze (ponti), poi le differenze (ragioni). (Fig.9)

Fig.9

Se ricordate, all'inizio, quando avete fatto le interviste reciproche di presentazione, vi siete sentiti a vostro agio riconoscendo fattori comuni, tra l'altro anch'io personalmente l'ho avvertito, e poi avete esposto con dovizia di particolari ciò che vi aveva colpito nel Collega intervistato.

In sostanza, avete espresso spontaneamente ciò che ora vi viene presentato come regola aurea in tutte le vostre relazioni, nel vostro taschino questo "trucco" ci sta proprio bene e funzionerà tantissimo.

IDEA N° 3

Avete appena elaborato lo SWOT (Strenghnesses, Weaknesses. Opportunities, Threats) focalizzando lo scenario in cui vanno ad inserirsi le Vostre Professionalità. (Fig. 10)

L'ANALISI SWOT

FORZE	DEBOLEZZE
Identificare caratteristiche e persone positive della vostra azienda	Restrizioni che noi abbiamo. Quello che la gente non riesce a fare
OPPORTUNITÀ	**MINACCE**
Modi di utilizzare punti di forza. Sviluppi di cui ci si può avvantaggiare	Problemi causati dalle proprie debolezze. Minacce dovute da forze esterne (concorrenza, leggi)

Fig.10

Avete concordato che la situazione complessa, mutevole, incerta, instabile, che si presenta ai vostri occhi richiede un forte cambiamento anche a voi, che lo si desideri o no,

17

che piaccia o no, tutti oggi dobbiamo cambiare per adattarci al contesto mutato.

Il Coach della Pallavolo, Julio Velasco, ci ricorda che se sei un giocatore tesserato e vai d'estate a giocare sulla spiaggia, ti trovi a saltare sulla sabbia che non è come saltare sul parquet (a cui sei abituato) dunque impara a saltare diverso. Solo che dirlo non è come farlo, perché esiste un fenomeno che si chiama "resistenza al cambiamento" e ci riguarda tutti.

Ora vi propongo un esperimento: dati nove punti paralleli a tre per tre ed equidistanti tra loro sul foglio, collegateli col minor numero di linee rette possibile senza mai staccare la penna dal foglio.(Fig.11)

9 PUNTI

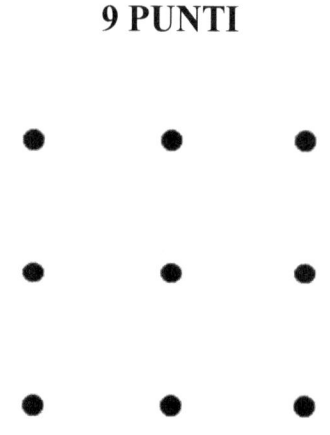

Fig.11

Bene, avete tutti raggiunto la soluzione a 5 linee. Ottimo, questa è la prestazione standard, va bene. Ma se vi trovate improvvisamente a saltare sulla sabbia, che ovviamente non è come il parquet, vi tocca saltare in modo diverso, più efficace.

Provate dunque a risolvere lo stesso problema con sole quattro linee rette, mantenendo i vincoli, perché il mercato non si adatta a noi, ma siamo noi a doverci adattare al mercato.

Perché è diventato così difficile? Perché opera quel principio: resistenza al cambiamento.

Tutti vedete, inesorabilmente, un quadrato e tuttavia si tratta solo di 9 punti nello spazio del foglio, dunque si può uscire dal quadrato che non c'è per trovare una soluzione innovativa, anzi si deve.

Bene, vedo che qualcuno ha individuato come fare, altri no, è normale, perché si tende comunque a percepire il confine dei punti come linea fissa da non superare. Invece basta andare oltre per individuare nuove prospettive, nuove angolazioni, che ci fanno trovare, una volta usciti, rapidamente la soluzione.

Cosa vi frena? La continuità, che fa parte del nostro bagaglio storico, di cui abbiamo bisogno per riconoscerci e per ricordare, senza la continuità saremmo persi. Vero, tuttavia è poi la discontinuità che ci fa andare avanti verso la crescita, lo sviluppo. Dunque occorre mettersi in gioco, in discussione, senza questa operazione non si va da nessuna parte, Per cambiare bisogna accettare una fase intermedia di crisi, ciò che facevo fino a ieri funzionava, ciò che farò domani mi darà più risultati, ma qui e ora devo compromettere la mia stabilità attuale, accettare la destrutturazione del modello che mi ha sorretto sinora per aprirmi alle possibilità dell'evoluzione.

Non preoccupatevi, sono qui per aiutarvi ed anzi l'ho già fatto, quando ho parlato delle somiglianze e delle differenze e della giusta sequenza. Infatti, per trovare la nuova soluzione si parte comunque da una linea già conosciuta (esperienza pregressa) e solo dopo si aggiunge un pezzetto di linea (valore aggiunto) che ci consente di individuare le nuove vie risolutive. (Fig.12)

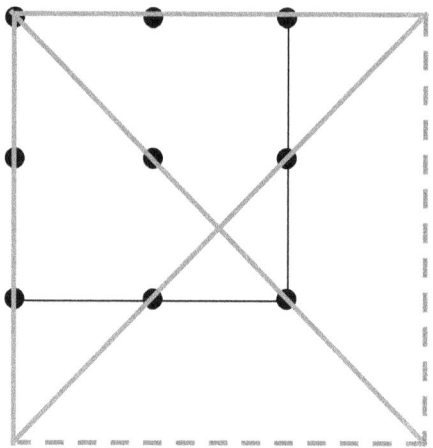

Fig.12

Quindi il cambiamento è somiglianze più differenze, è esperienza valorizzata più nuovo valore ag-giunto. Mai dire tutto sbagliato, tutto da rifare, non è esatto; salviamo quello che c'è oggi e aggiungiamo quello che non c'è ancora. Se vuoi convincere qualcuno a cambiare, è così che devi fare.

Poi ci sono altri due segreti, da utilizzare. Il primo verso se stessi, il secondo verso gli altri.

Abbiamo detto che esiste una resistenza al cambiamento eppure questo è un falso ideologico, infatti quante volte siamo già cambiati nella vita? Ognuno di voi è oggi ben diverso da ciò che è stato in precedenza ed avete sicuramente cambiato pelle molte volte. Dunque, il cambiamento è altrettanto naturale della stabilità (pur necessaria).

Se guardate i nove punti collegati con 4 linee scoprirete che in realtà si finisce per ottenere un nuovo quadrato, semplice-mente più grande del precedente.

Ciò significa che non è possibile vivere senza schemi di riferimento, provate a pensare ad un'amnesia che vi impedisce di guidare perché non sapete cosa fare dei tre pedali. Lo schema è fondamentale, è ciò che ci permette di fare ogni cosa, tuttavia è evidente che possiamo ampliare gli schemi mantenendo al loro interno i precedenti. Infatti, il nuovo schema contiene (tiene assieme) il pregresso, dunque la vita non ci toglie mai il DNA "psicologico" dell'IO, semplicemente lo espande.

Questo Vi può tranquillizzare, cambiate pure senza perdere niente di Voi stessi.

Il secondo è già espresso dalle mie parole. Quante volte ho aggiunto valore alle cose che riconoscevo? Sì, per convincere gli altri non si può andare "contropelo", bisogna ammettere il loro punto di vista come legittimo, aggiungendo poi un nuovo valore o la nostra affermazione come un'alternativa e non come opposizione. Molto semplicemente, invece di "si, però ..." come è più volte stato detto in quest'aula, scatenando un confronto dialettico, è meglio dire "si, tuttavia ..." oppure comunque, peraltro, d'altro canto, d'altronde, ciononostante, ciònondimeno, ecc.

Se ci si oppone con avverbi di contrasto come il però si finge un accordo che non c'è ed emotivamente avviene una reazione uguale e contraria, mentre il "tuttavia" riconosce il punto di vista dell'altro, mettendo di fianco (e non contro) la propria visione.

Questo metodo aiuta molto a persuadere gli altri proprio perché li rispetta.

Provare per credere ...

IDEA N° 4

Ci siamo imbattuti sinora sulla necessità di conoscerci, aprendoci e accettando i feedback, abbiamo colto l'importanza di entrare in rapporto con gli altri, mettendoli a loro agio e fornendo spunti di valore aggiunto, abbiamo infine scoperto la complessità del cambiamento e la dinamica che occorre superare per riuscire con noi stessi e con gli altri a crescere nel tempo.

Approfondiamo ora come apprendiamo e quali sono gli stili con cui ci confrontiamo con gli altri.

Mi sono reso conto che Giovanni ha manifestato fin dall'inizio una forte propensione a riprendere gli argomenti trattati e a socializzare con tutti. Maria invece ha esibito momenti di riflessione e ha colto aspetti diversi dagli altri partecipanti. Piero è il nostro teoreta che più volte ha messo in chiaro il funzionamento di certi processi, Francesca è una "macchina da guerra" ha preso più volte l'iniziativa e si è lanciata in bellissimi arrembaggi all'arma bianca sulle novità proposte.

Ecco, possiamo dire che abbiamo già rappresentato le modalità classiche dell'apprendimento, che ovviamente sono diverse da persona a persona e altrettanto legittime, comunque diverse, per cui si può ben capire che conoscere come si apprende rappresenta di certo un valore aggiunto.

Dal classico test di Kolb Voi tutti potete rilevare qual è il Vostro stile preferito, quello che emerge maggiormente come Vostra tendenza naturale, che può essere diverso da quello di altri e che magari ricalca in pieno quanto abbiamo appena evidenziato.(Fig.13)

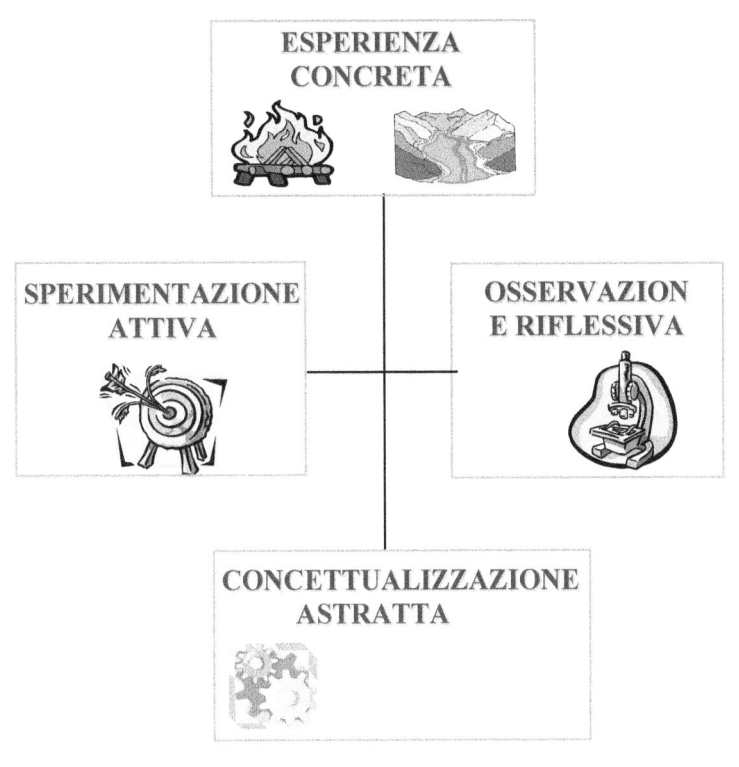

Fig.13

I tipi come Giovanni sono molto focalizzati sull'ESPERIENZA CONCRETA, quindi sull'input, ascoltano volentieri e interagiscono seguendo canoni e modelli che hanno appreso dall'esterno e che seguono con piacere, anche confrontandosi.

I tipi come Maria preferiscono meditare, pensarci su, imparano dopo una lunga metabolizzazione, usando OSSERVAZIONE RIFLESSIVA, magari arricchendo di nuovi aspetti quanto loro rivolto, si ingaggiano meno e pensano di più.

I tipi come Piero si fanno notare per la loro tendenza a modellare il mondo, a collegare cause ed effetti, a misurare ogni cosa, usano la CONCETTUALIZZAZIONE AS-TRATTA, sono portati a teorizzare il funzionamento delle cose e dei processi.

I tipi come Francesca sono portati all'azione, imparano facendo direttamente, mettendoci le mani sopra, usano la SPERIMENTAZIONE ATTIVA, qualche volta impetuosi e irriflessivi, sono sull'Output.

Ognuno degli stili ha pregi e difetti e tutti siamo comunque coinvolti in tutti e quattro i modi, anche se ognuno di Voi nel test è risultato un po' diverso dagli altri e fortunatamente, altrimenti saremmo tutti robot.

Il test di Kolb consente poi un'altra lettura, invece degli assi si può leggere la maggiore presenza in uno dei quadranti formati dai due assi prevalenti. Quindi si può individuare chi è più portato a cercare vie nuove (ESPLORATORE o ARCHITETTO) fantasioso, creativo, socievole; chi è più orientato a mettere in ordine le cose a definire i processi (PIANIFICATORE o MATEMATICO), chi è più portato a prendere decisioni di buon senso (COSTRUTTORE o IN-GEGNERE) e chi è decisamente dedito a fare cose nuove, progetti, realizzazioni (CATALIZZATORE o INTRA-PRENDITORE). (Fig.14)

Sono quattro anime che abbiamo tutti, ma salvo posizioni super equilibrate, c'è la tendenza a manifestare certi aspetti più di altri. Ciò significa che essere consapevoli delle aree da sviluppare dà delle possibilità in più, molto concrete. Ad esempio se io sono un Catalizzatore tenderò a "partire in tromba" nel fare le cose, magari ad essere più improvvisatore che organizzato, probabilmente a non tenere conto del tempo.

Se sono consapevole di questo "difetto" posso presidiare la preparazione di un corso come fatto vincolante così che possa seguire uno schema logico per tutti e consegueziale come si conviene, pur senza tradire la mia natura. Quindi qualunque sia il tuo lato prevalente puoi porgere molta attenzione al lato debole per esprimere al meglio tutte le tue potenzialità.

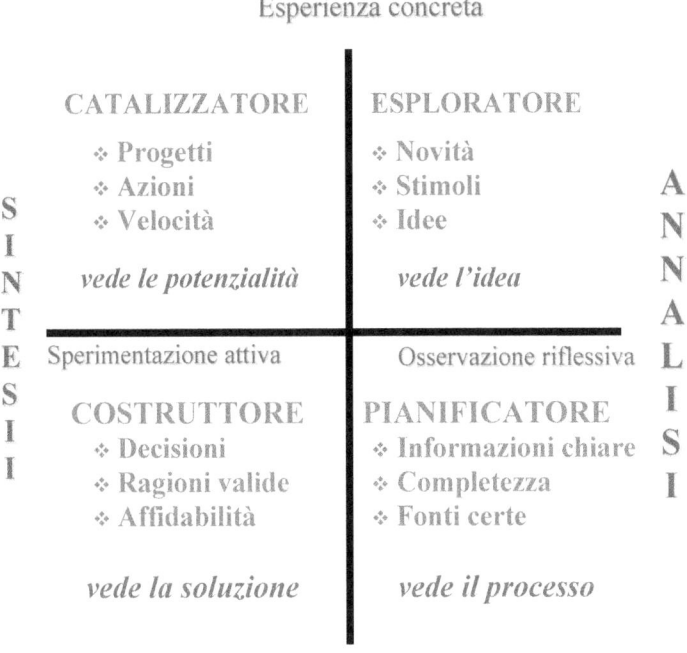

Fig.14

Ma c'è di più! Un vecchio proverbio dice che "chi si somiglia si piglia" ed effettivamente ci si trova bene insieme a persone simili, tuttavia il dramma è che poi si rischia di essere troppo uguali e di andare in competizione o in disinteresse ("non c'è più niente di interessante da dirci"). E' vero anche il contrario, siamo spesso attratti dal diverso, dall'opposto, e anche in questo caso si rischia di non andare d'accordo perché non si riesce a comunicare (alienazione, ci sarebbe tanto da dirsi, ma non si riesce a farlo). Un bel pasticcio. In Azienda non è che ti scegli i Collaboratori, il Capo, i Colleghi, il Cliente, devi trovare il modo per andare d'accordo con tutti, è vitale.

Qual è il segreto? Ancora una volta l'abbiamo già detto: somiglianze e differenze. Se sei un Pianificatore e devi trattare con un Catalizzatore, devi aumentare i ritmi, devi cercare un pochino di più la sintesi, devi evitare eccessivi dettagli, devi andare un po' più per le spicce, altrimenti l'altro si annoia e se ne va, devi presentargli già tutte le ragioni per intraprendere un'iniziativa, un progetto.

Se al contrario sei un Catalizzatore e hai a che fare con un Pianificatore, rallenta i ritmi, precisa meglio la tua idea, fornisci qualche dato in più, appellati alla sua vena organizzativa, stimolalo a mettere in sequenza ciò che gli chiedi o il contributo che deve dare.

La diagonale qui analizzata ha il potenziale della complementarietà, a patto che si riesca a comunicare, altrimenti è dura capirsi e collaborare.

L'altra diagonale è pure perversa, chi ha mai visto Architetto e Ingegnere andare d'accordo? Mai nella vita.

Eppure la complementarietà renderebbe la relazione molto proficua, uno pensa in modo innovativo e l'altro risolve funzionalmente. Oppure uno presenta i vincoli di sistema e le migliori soluzioni chiedendo all'altro vie nuove per praticarle.

Anche qui solo se si riesce a comunicare, avendo l'uno un pensiero divergente e l'altro un pensiero convergente, cioè opposti.

Non tutto è così drammaticamente complesso, peraltro la ragione è chiara: nel chiasmo che presentiamo la parte alta rappresenta il cervello destro (olistico, analogico, sintetico, sede delle immagini e delle emozioni) mentre la parte bassa rappresenta il cervello sinistro (analitico, puntuale, logico, razionale, sede del linguaggio); la parte destra rappresenta la cognizione (input) la parte sinistra l'azione senso motoria (output).

Dunque appare chiaro che le diagonali rappresentano l'opposizione di funzioni neurologiche dando una concretezza specifica alla difficoltà di intendersi e alla potenzialità della sinergia tra i due emisferi e tra input e output del sistema.

A Voi praticare questi concetti che oggi avete appreso, su cui mediterete, connettendo i nuovi schemi alle vostre conoscenze e modelli del mondo per poi sperimentarli nel concreto della vita quotidiana con Capi, Colleghi, Collaboratori, Clienti e perché no? PARTNER.(Fig.15)

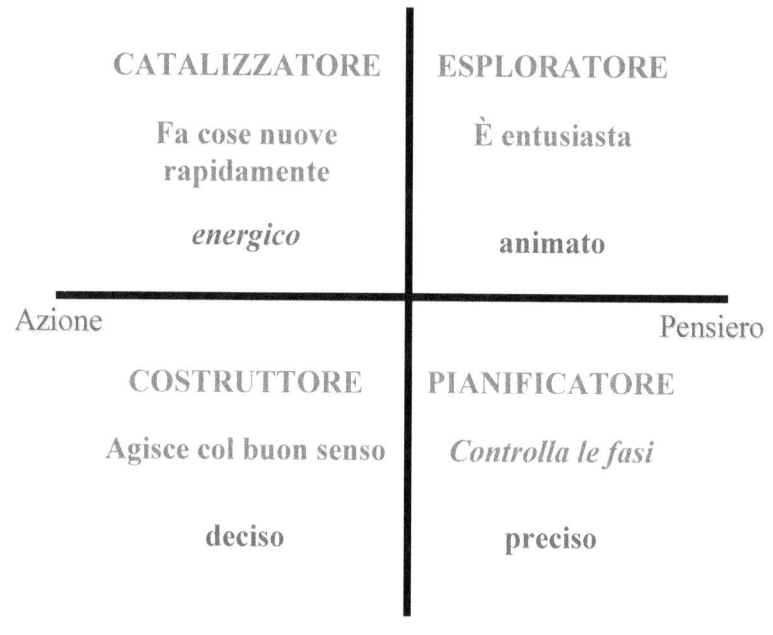

Fig.15

IDEA 5

Luigi, prima, ha detto che sembra tutto troppo facile.

Ha ragione. Tutti noi viviamo esperienze di successo e altre molto più difficoltose, tendendo ad assorbire facilmente ciò che funziona già e a sopravvalutare ciò che non va bene.

In realtà quello che sembra banale, lo è solo dopo che è stato fatto, perché se non si raggiunge un risultato per non aver fatto qualcosa (o non aver saputo fare) allora diventa tutt'altro che banale.

Dobbiamo imparare a lavorare sui successi, sulle pratiche che funzionano bene, sui modelli di successo e ripeterli efficacemente, solo allora possiamo dire che è tutto facile, non prima.

Dunque, quanto abbiamo detto sinora appare semplice, mentre tradurlo nei comportamenti di tutti i giorni diventa certamente più impegnativo e siamo qui per questo.

Vediamo ora come procedere. Innanzitutto l'obiettivo, è la prima cosa di cui abbiamo parlato, più hai chiaro ciò che vuoi raggiungere e più hai possibilità di conseguire ciò che vuoi veramente, se lo vuoi davvero.(Fig.16)

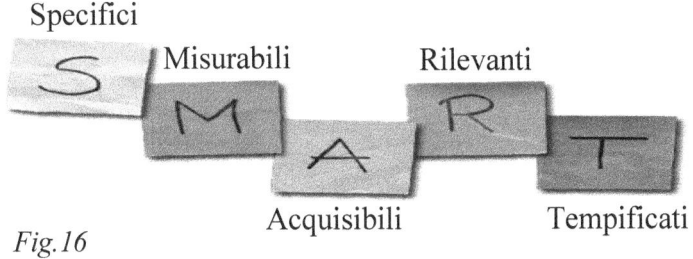

Fig.16

Le Tecniche più evolute ci danno una mano che possiamo qui provare insieme ad applicare.

Chiara, tu mi dicevi che vuoi ottenere una posizione di maggiore autonomia professionale che ti consenta anche di trovare una sistemazione logistica diversa da quella famigliare.

Puoi specificare meglio il tuo obiettivo?

Dunque, se ho ben capito vorresti diventare Quadro, avere più responsabilità, elevare il tuo stipendio, diciamo entro 18 mesi, è così?

Bene, Quadro è un fatto oggettivo, o ci diventi oppure no, dunque specifico e misurabile, ok, è anche accessibile alle tue competenze? Ok dopo 6 anni di lavoro intenso nelle Risorse Umane hai acquisito esperienze e capacità che ti possono consentire di coprire un ruolo più impegnativo. L'obiettivo è sicuramente una sfida e il tempo è definito. Tuttavia dobbiamo precisare meglio cosa vuol dire responsabilità. Si, coordinare due persone, firmare il budget di Formazione, partecipare stabilmente ai Meeting internazionali, prendere il primo livello di decisione sui Fornitori, OK ci siamo. Ora, da che cosa rileverai che ce l'hai fatta? Quali sono i riscontri oggettivi, sensoriali, che ti diranno che hai conseguito il risultato atteso, da che cosa te ne accorgerai?

Bene, bene, hai precisato ciò che vedrai, sentirai, proverai, addirittura usmerai e gusterai, vale a dire che hai impresso nella mente i segnali che confermeranno a pieno il tuo obiettivo raggiunto.

La tua mente ora sa perché e come comportarsi per ottenere qualcosa che conosce bene, che ha già visualizzato e che sarà una forza traente per farti raggiungere il traguardo.

Questa, in modo sintetico e semplificato è la tecnica mentale dei grandi atleti: loro mettono a fuoco molto bene l'obiettivo, disegnano nella mente tutti i particolari che caratterizzeranno il momento della gara, visualizzano nel dettaglio i gesti atletici e poi il giorno dell'evento rivivono ciò che nella mente hanno già realizzato (Tab.1)

QUADRO OBIETTIVO

Esercitatevi nell'utilizzare dei quadri e procedure elaborando un piano (per esempio: pianificare una conferenza):

A. Cominciate precisando a voi stessi ciò che volete specificatamente comunicare ai vostri auditori nel corso della conferenza; **QUADRO OBIETTIVO**

B. Fate come se ci foste riusciti – **QUADRO COME SE.** Come vi vestite? Come vi vedete? Come vi ascoltate parlare, pronunciando con successo il vostro discorso?

C. Come saprete, quale evidenza utilizzerete per assicurarvi di aver ottenuto il risultato che desideravate? **QUADRO EVIDENZA/VERIFICA.**

(assicuratevi d'aver espresso l'evidenza in termini sensoriali, ad esempio: gli auditori sembreranno interessati; faranno delle domande, faranno dei commenti)

D. Adesso che siete riusciti nel vostro intento, come l'avete fatto? **QUADRO MARCIA-INDIETRO.** Cosa avete presentato per primo? E in seguito? Quali aiuti o esempi avete usato ad ogni tappa? Ecc.

Servitevi d'indizi per raffinare l'informazione e per applicare il **QUADRO PERTINENZA** quando dubitate della pertinenza dell'informazione.

Tab.1

Naturalmente il processo è un po' più complesso, ma la prestazione è assicurata.

Adesso Chiara, ti ricordi la nostra tiratrice al piattello alle Olimpiadi di Londra, Jessica Rossi? Lei è l'esempio vivente di quanto abbiamo appena detto. Nessuna emozione, il record fantastico che ha realizzato lo aveva già scolpito nella mente e guarda caso l'unico errore compiuto è stato subito dopo il record, come se per un attimo la programmazione che aveva mentalmente eseguito si fosse staccata, ma subito dopo l'ha ripresa, nonostante sapesse di avere già vinto e ha coronato una performance da sogno.

Certo, non tutti siamo o diventeremo Campioni Olimpici, tuttavia possiamo adottare le tecniche dei Campioni per vincere nel nostro piccolo, anche noi. Posso portarvi un'esperienza personale: dopo 3 anni che non facevo la Maratona, per una serie di guai fisici e poco allenamento, mi sono messo in testo di rifarla e ho scelto Madrid che ha diverse salite, specie nel finale; sapevo di non poter fare grandi tempi perché avevo nelle gambe 25 Km, per di più mi ero leggermente stirato ai polpacci; per fortuna ho fatto ricorso alle tecniche mentali e vi assicuro che tutto ciò che ho visualizzato si è puntualmente verificato nel dettaglio il giorno della corsa, compreso il successo, il tempo e lo stato di salute (e gli amici che ti gratificano dopo!).

Proseguiamo nella tecnica, se fra 18 mesi Chiara sarai arrivata al tuo traguardo questo vuol dire che 6 mesi prima dovrai aver fatto cosa? Perfetto, bravissima, e se non avrai ottenuto questo risultato intermedio non potrai conseguire quello finale. Allo stesso modo 12 mesi prima cosa dovrai aver già fatto? Benissimo, proprio così senza questi passi non si arriva da nessuna parte, ma se li avrai fatti sarai sul percorso on time. Dunque, per concludere, domani cosa farai? Hai capito perfettamente, Chiara, se domani non intraprendi la prima azione non arriverai mai a realizzare il tuo sogno e se invece compi la prima azione ti sari avvicinata di un passo, un importante e preziosissimo passo. DO IT, please!

Ti sembrerà finita e invece qui comincia la parte più bella del lavoro. Abbiamo detto prima che hai esperienze e competenze valide per essere promossa come desideri, ok. Quali risorse possiedi per riuscire nell'intento? Si, non sto più parlando di competenze tecniche, bensì delle risorse necessarie per portarti dallo stato attuale (AS IS) allo stato desiderato (TO BE). Ecco, bene, questo è un elenco degno di un grande sogno, mi piace soprattutto la tenacia e la diplomazia, entrambe veramente necessarie per crescere nel complesso mondo aziendale, la tua lista mi sembra ben fatta, ma fuori dall'aula ti chiedo di completarla ancora meglio, avrai davvero bisogno di molte risorse. Senti, Chiara, chi può darti una mano? Eh, già, cara mia, non ci sei solo tu, ci sono anche le risorse che tu puoi reperire: gli altri, i media, i corsi, il web, ecc. lista completa, please. Poi, per finire vorrei che tu riportassi la tua mente a quando giocavi a pallavolo, me l'hai raccontato all'inizio, ti ricordi? Qual'era la risorsa o le risorse che hai messo in campo per affermarti in quello sport e diventare la "capitana". Di solito aspirano in tante a quel ruolo, che cosa ti ha consentito di raggiungere quel livello? Brava, mentre ti do un colpetto sulla spalla per confermarti il bel successo che hai ottenuto desidero che tu ripensi più spesso a quella vicenda e che tu senta dire dentro di te "e vai!" con energia, forza e vigore, sarà il tuo mantra e ti accompagnerà alla promozione.

C'è un ultimo particolare: quando avrai ottenuto il passaggio di grado, cosa potrebbe accadere di negativo? Lo so che non ci avevi pensato, comunque adesso devi farlo, altrimenti avrai in te delle forze che resistono al tuo stesso obiettivo. Lavorerai di più? Sino a tardi alla sera? Avrai qualche problema in più con la bambina? Tuo marito la prenderà bene o si sentirà sminuito? Fatti molte domande e per ognuna trova risposte adeguate o prepara un piano B, come via d'uscita, oppure rivedi l'obiettivo specificandolo meglio, così che non esistano limiti o forze contrarie al tuo successo. Tutti voi potete fare lo stesso percorso che Chiara, gentilmente, si è prestata a fare pubblicamene a scopo didattico e...mettete nel taschino la tecnica per realizzare i vostri sogni. (Tab 2)

LA BUONA FORMULAZIONE DEGLI OBIETTIVI

1) Specificare in positivo e con esattezza, cosa si vuole raggiungere

2) Definire da quali segnali si rivelerà che l'obiettivo è stato conseguito (precisare con i 5 sensi)

3) Individuare le risorse possedute o possedibili che si metteranno in atto per raggiungere l'obiettivo (anche traendole dal passato e da altri contesti)

4) Fare il percorso all'indietro indicando date entro cui certe cose dovranno già essere fatte, sino all'azione che si compirà sicuramente DOMANI

5) Effettuare un controllo su eventuali aspetti negativi che potrebbero emergere e su come risolverli (Piano B)

Tab.2

IDEA N° 6

Vorrei farvi una domanda: "Nelle organizzazioni qual è il problema più acuto, evidente e ricorrente?"

Certo, la Comunicazione ed è la stessa cosa negli ambiti sociali o famigliari o relazionali.

Perché è così difficile comunicare? Perché anche dopo interventi per migliorare la Comunicazione, le Aziende dicono che la Comunicazione è il loro problema più diffuso? Incredibile, ma vero.

Il fatto è che diamo per scontato che quando parliamo, ciò che diciamo viene capito.

In realtà è molto più complicato il processo della Comunicazione.

Innanzitutto partiamo da un concetto base, ciò che abbiamo in mente costituisce una "mappa" che per noi è perfettamente chiara, quando comunichiamo con gli altri abbiamo la sensazione psicologica di dire tutto quello che abbiamo in testa, mentre in realtà (per certi versi fortunatamente, se no sarebbe la Torre di Babele) comunichiamo solo una parte delle informazioni che possediamo.

Infatti, l'apparato mentale è molto più ricco e approfondito rispetto all'apparato fonatorio che taglia pesantemente quanto pensiamo di dire (da 2.000 parole pensate in un minuto a circa 100 dette), lasciandoci la sensazione d'aver detto tutto ciò che sapevamo sull'argomento, a fronte di una piccola porzione di informazioni effettivamente pronunciate.(Fig.17).

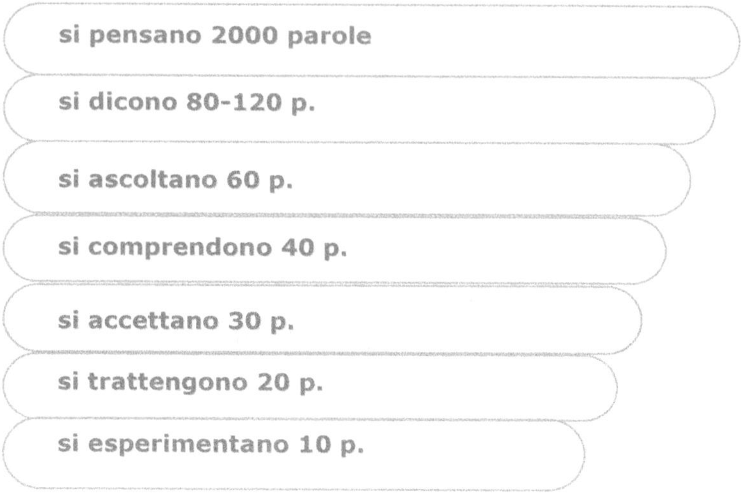

si pensano 2000 parole

si dicono 80-120 p.

si ascoltano 60 p.

si comprendono 40 p.

si accettano 30 p.

si trattengono 20 p.

si esperimentano 10 p.

Fig.17

I referenti sono saltati e ovviamente non percepiti dal ricevente. In più ciò che diciamo viene ascoltato solo in parte per cui il discorso cade di fedeltà, riducendosi ancora un po' per effetto della non comprensione di qualche particolare del messaggio. Una parte viene comunque rigettata, respinta, e alla fine rimane solo un piccolo brandello comune tra trasmittente e ricevente.

Le interferenze classiche che intervengono sono tipicamente fisiche (il suono non giunge all'orecchio), psicologiche (il suono arriva all'orecchio e da lì trasmesso al cervello che essendo impegnato in altri pensieri non coglie il messaggio), semantiche (codici diversi, significati diversi, linguaggi diversi). Tutto questo se comunichiamo ad una via, monologo, com'è accaduto prima nell'esperimento condotto da Carlo e tutti abbiamo notato che è stato veloce, ordinato, tranquillo, efficiente, ma poco efficace. Invece quando Teresa ha utilizzato le due vie, dialogando con il pubblico, i risultati sono stati eccellenti, anche se c'è stato meno ordine, più "casino", si è dovuta impegnare di più. In effetti ad una via chi trasmette è in posizione difensiva (non si mette in discussione), competitiva (ti scarica la responsabilità della comprensione del messaggio), mentre a due vie si è più collaborativi (reciproca responsabilità) e più aperti (si cambia codice, ci si adatta, si va incontro agli interlocutori). Insomma il feedback è il vero significato della Comunicazione, se sei stato capito ok, altrimenti cambia.

Nelle organizzazioni spesso si comunica ad una via, top-down, e allora la Comunicazione è influenzata da questioni di potere, talvolta a due vie e allora la Comunicazione è influenzata da clima e cultura che la favoriscono. Mettere nel taschino, perché questa è la verità dei problemi Comunicazionali in Azienda. (Fig.18)

IL SIGNIFICATO DELLA COMUNICAZIONE È L'EFFETTO OTTENUTO

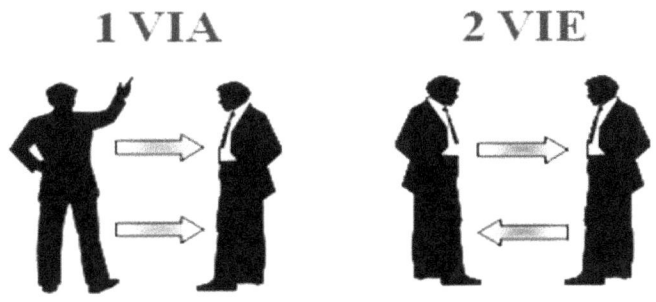

Fig.18

IDEA N° 7

La Comunicazione è talmente importante per ognuno di noi in Azienda che non posso fare a meno di richiamare un modello descrittivo di grande valore.

Vi ricordate il modello iniziale di Jo-Hari?

Bene, Hall ha provato a ripetere lo schema considerando gli aspetti organizzativi anziché quelli della personalità. Ha individuato quattro facce, più o meno corrispondenti:

la parte **PUBBLICA** delle informazioni possedute da me e dagli altri,

la parte **NASCOSTA** rappresentata dalle Informazioni che io ho e tengo per me,

la parte **NEGATA** delle informazioni che possiedono gli altri e io no,

la parte **SCONOSCIUTA** che non possiedo io e nemmeno gli altri. (Fig.19)

AREE DI INFORMAZIONE IN UN SISTEMA
(modello HALL)

Fig.19

Anche qui possiamo ampliare la parte Pubblica esponendo, rivelando le nostre informazioni o richiedendo e ascoltando le informazioni altrui. Nell'esercizio di prima, dove dovevate riconnettere informazioni per risolvere un problema, è apparso chiaro che qualcuno teneva per sé informazioni importanti e dunque Nascoste per l'uno, Negate per l'altro, diminuendo la possibilità di arrivare ad un risultato comune. Facciamo un esempio classico: se noi tracciamo le linee tipiche di chi si espone poco e ascolta poco, ne emerge una piccola parte Pubblica ed una grande Sconosciuta, proprio perché i ridotti scambi comunicazionali finiscono per limitare la parte comune e ampliare notevolmente la parte sconosciuta. Se tracciamo linee opposte riscontreremo poca esposizione e tanto feedback, quindi un'ampia parte Nascosta. Se invece indichiamo molta esposizione e poco feedback, ne consegue dare informazioni senza ascoltare quelle degli altri, quindi con un'ampia parte Negata. Infine, se tracciamo le due linee in massima estensione si determinerà un'ampia parte Pubblica e soprattutto si limiterà al minimo la parte Sconosciuta (per effetto della sinergia delle informazioni reciprocamente rivelate e ascoltate). (Fig.20-23)

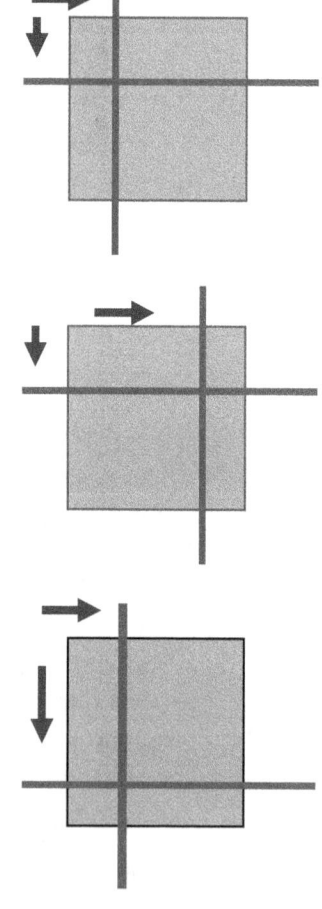

MODELLO A
Minimo di utilizzo di
Esposizione e Feedback

MODELLO B
Ridotta Esposizione,
importanza data al
Feedback

MODELLO C
Estesa Esposizione,
scarso Feedback

MODELLO D
Esposizione e
Feedback estesi in
modo equilibrato

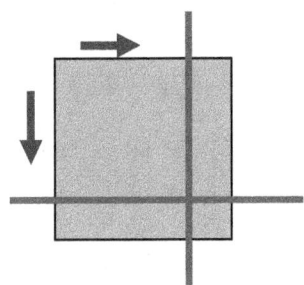

Fig.20-23

Il primo modello è tipico delle Burocrazie (vince la procedura, la circolare, la norma scritta, si comunica solo ciò che è dovuto).

Il secondo modello è classicamente paternalistico e poi nel tempo quasi certamente manipolatorio, con la comunicazione improntata al feedback e non all'esposizione delle proprie informazioni.

Il terzo modello è tipico degli ambienti autoritari, verticistici, comunicazione a una via, dall'alto verso il basso (la parte Negata è un potenziale informativo non sfruttato).

L'ultimo modello è orientato al consenso, alla comunicazione a due vie.

Ora potete riconoscere in che tipo di organizzazione vivete e come si comanda: con la circolare? Con il bastone?

Con la carota? Con entrambi o con la partecipazione attiva?

I Capi sono burocrati, autoritari, paternalistici o democratici?

Voi lavorate passivamente, prevaricando, adattandovi, o giocate in modo autonomo?

Che cosa state facendo per aiutare la vostra Azienda a orientarsi di più verso una cultura e un clima aperto e collaborativo? Come trasmettete le vostre informazioni? Le tesaurizzate o le socializzate? Vi accontentate di quello che vi passano o andate a caccia di ciò che vi serve?

Le domande sono tante, e importanti, spesso non mancano le risposte, sono proprio le domande che non vengono formulate. Lottate per una Comunicazione autentica, l'unica che garantisce sinergia.

Tanto è vero che nel quarto modello l'area sconosciuta si riduce pesantemente proprio grazie al fattore moltiplicatore di tante informazioni ben scambiate. Nel taschino avete ora una nuova equazione: due più due fa cinque.

IDEA N° 8

JO-HARI, HALL, certo questi americani spopolano nel Management. D'altra parte ci conviene comunque salire sulle spalle dei giganti, indipendentemente dalla nazionalità.

Dalla Comunicazione si passa alla Relazione, perché quando si parla con qualcuno non esistono solo le informazioni che trasmettiamo, esistono anche le relazioni che sviluppiamo, vale a dire ciò che succede fra due persone che dialogano fra loro, siano esse Venditore e Cliente, Capo e Collaboratore, Collega e Collega, o anche Partner e Partner.

Abbiamo già avuto qui in aula alcuni scambi interessanti dove era chiaro che non si trattava soltanto di Comunicazione, bensì di strutturare il tipo di rapporto esistente interpersonalmente o nell'ambito del gruppo.

Alcune parole sono sembrate più "pesanti" proprio perché dette qui dove alcuni di voi operano nella stessa azienda in ruoli interconnessi. Si capiva che c'era un'intenzione specifica in quanto veniva detto e che aveva più significato per il vostro lavoro reale che per quello che si stava analizzando sull'argomento.

Altre parole sono sembrate più "leggere", ironiche, scherzose, di presa in giro cordiale, mentre dette in altre situazioni forse avrebbero offeso.

Questo è il punto chiave, secondo il grande Watzlawitch, la Pragmatica della Comunicazione Umana indica che ogni scambio informativo è anche un processo di influenzamento reciproco, che avviene in un determinato contesto. Dunque ciò che diciamo ha una valenza maggiore o minore in funzione del contesto in cui le frasi vengono dette.

Se parliamo di Retribuzioni le nostre parole avranno un senso diverso se si tratta di indicare parametri di riferimento o se stiamo parlando della "tua" retribuzione.

Contestualizzare è un esercizio di fondamentale importanza, un conto è se dite che ho sbagliato qui e ora a fare qualcosa, un conto ben diverso è se dite che sbaglio sempre.

Posso convenire facilmente su un errore, difficilmente su me stesso che erra in modo sistematico.

Nella Vendita la contestualizzazione consente di fare affermazioni che hanno un senso se appunto limitate alla particolare situazione cui ci riferiamo e ne hanno uno ben diverso se ci esprimiamo in assoluto.

Nella Motivazione dei Collaboratori si può citare un sistema come adatto a coinvolgere e responsabilizzare le persone se il contesto consente certe applicazioni, se invece la cultura è autoritaria e accentratrice forse non tocca nessuno.

Tra Colleghi i discorsi accademici hanno un peso, poi quando si toccano gli interessi effettivi di qualcuno il peso cambia sostanzialmente.

E' interessante questa annotazione ed ha effetti dirompenti, proprio perché ci dimentichiamo spesso di rendere ragione alle nostre idee contestualizzandole opportunamente.

L'apprendimento stesso subisce un forte condizionamento dal contesto in cui viene svolto.

Pensate a un gruppo che è stato espulso da un sistema aziendale e che è in fase di riconversione e di aspettativa di un nuovo lavoro, oggi succede sempre più spesso. La Formazione è rivolta loro per aiutarli a rimettersi su un mercato del lavoro che è asfittico e che presenta poche opportunità, tuttavia esso può essere percepito come un contentino, burocratico, finendo per diminuire le possibilità di crescita e di riconversione. Se i Trainer riescono a contestualizzare la situazione, i partecipanti si impegneranno per trarne profitto, se i Trainer si adattano ad una situazione sfiduciata e di "dovere" allora sarà una noia e tempo perso

A chi spetta definire il contesto? A tutti gli attori coinvolti: l'istituzione in primis, l'organizzazione, la docenza, i partecipanti stessi. Tutti siamo coinvolti nel fare e fare bene e nel cogliere le opportunità che esistono in ogni azione compiuta.

Meditate gente, diceva Arbore, meditiamo davvero, dico io. (Fig.24)

LA PRAGMATICA DELLA COMUNICAZIONE

"OGNI COMUNICAZIONE È

UNO SCAMBIO DI INFORMAZIONI

E UN INFLUENZAMENTO RECIPROCO

CHE AVVIENE IN UN DATO CONTESTO"

Fig.24

IDEA N° 9

Posizionato il contesto, che regola qualsiasi Comunicazione, possiamo addentrarci nei postulati che la Scuola di Palo Alto ha statuito e che riguardano la nostra vita quotidiana.

Quante volte vi è capitato di aspettare una risposta che non arriva?

Si, il silenzio è veramente assordante alcune volte.

Avete chiesto una risorsa al vostro Capo e lui vi ha garantito che in un paio di giorni ve l'avrebbe data. Dopo un mese non è accaduto nulla, quindi vi ha comunicato o no? Certo che sì, semmai il significato della comunicazione -non comunicazione è ambiguo (non ha potuto, non ha avuto tempo, non gliel'hanno data, non ha avuto voglia di dare seguito, ecc.), ma la comunicazione è di certo avvenuta. Se a un Vostro Cliente promettete di mandargli un documento e poi non lo fate, avete comunque comunicato.Se un Collega vi ha garantito che entro il ... vi darà i dati richiesti e poi non lo fa, ha comunque comunicato.

Dobbiamo prendere atto che il silenzio è una comunicazione, anzi una grande comunicazione.

Qualunque comportamento osservabile è comunicazione. (Fig.25)

1° assioma

Non si può "non comunicare"

Ogni comportamento osservabile in un dato contesto è comunicazione...

Fig.25

All'inizio del pomeriggio mi avete rivolto una domanda a cui ho risposto, tratto questo argomento e poi affronto la questione. Dopo due ore non l'ho ancora fatto, quindi ho comunicato, anche se l'interpretazione del mio comportamento può essere ambigua, nel senso che vi ho detto.

Maddalena ieri aveva detto che il pre-work non l'aveva fatto, ma che era disposta a farlo la sera, in modo che oggi fosse alla pari con gli altri. Nel break ho scoperto che manca il suo pre-work e mi trovo di fronte ad una comunicazione (comportamento osservabile) che si presta a più interpretazioni. Forse non ha avuto tempo o ha avuto altre priorità o semplicemente non ne ha avuto voglia.

Conoscendo Maddalena probabilmente è andata in discoteca, ha fatto le ore piccole e non è riuscita a trovare il tempo per farlo.

D'accordo, sto scherzando, sono solo esempi di come la Comunicazione avviene comunque sempre e con qualche rischio interpretativo quando un comportamento segnala una sorta di messaggio. Teniamone conto.

Un secondo presupposto indica che la Comunicazione contiene sempre due aspetti, uno è il bit informativo (il contenuto) e l'altro è come lo devi prendere (la relazione). Voglio dire che quando Piero ha detto a Luigi "non interrompere sempre", il messaggio conteneva l'informazione oggettiva di evitare di interferire con quanto Andrea stava dicendo, mentre il drive (l'intenzione) indicava nettamente come doveva prendere la raccomandazione. Nella dinamica di gruppo dell'esercizio precedente ricorderete che Alba ha detto che lei era calmissima quando è stata apostrofata da Claudio, mentre tutti abbiamo visto che era agitatissima

Quindi l'aspetto di relazione è più evidente e classifica il contenuto. Quando relazione e contenuto sono coerenti fra loro il messaggio risulta forte e chiaro, quando sono incoerenti lo sono un po' meno e quando sono contraddittori si coglie decisamente di più l'aspetto di relazione. Ad esempio se io urlo "non sono affatto arrabbiato" la vostra percezione sarà che sono fortemente arrabbiato, oppure se dico "Giovanni, non ce l'ho con te" e lo dico con asprezza e con un dito puntato che rotea sotto il suo naso, non se la beve di certo.

Questo ci segnala che nelle nostre comunicazioni trasferiamo sì informazioni, tuttavia le incorniciamo con segnali di secondo livello che chiariscono come quelle informazioni devono essere prese. Si chiama "meta comunicazione", comunicazione sulla comunicazione ed è certo che viene considerata di più rispetto al contenuto.

Dunque se siete Venditori e dite "le nostre condizioni di vendita sono buone", se relazione e contenuto sono coerenti otterrete un certo credito, se incoerenti molto meno, se contraddittorie l'effetto opposto.

"Conto su di te" dice un Capo ad un Collaboratore e lui si sente orgoglioso o meno a seconda di come l'aspetto di relazione conferma ciò che sta dicendo.

Insomma, nel vostro taschino potete mettere che "come dite le cose" vale di più di ciò che dite. (Fig. 26)

2° assioma

Ogni messaggio ha due aspetti

↓   ↓

Contenuto   **Relazione**

(notizia)   **(comando)**

L'aspetto di relazione "classifica" quello di contenuto, indicandone l'uso (metacomunicazione)

Fig.26

Il filosofo Ralph Waldo Emersons diceva "ciò che tu sei urla così forte alle mie orecchie che non riesco a sentire le tue parole!". (Fig.27)

Fig.27

IDEA N°10

La fonte inesauribile dei postulati della Pragmatica della Comunicazione Umana, aggiunge un altro postulato fondamentale.

Nella Comunicazione ci sono due livelli, uno digitale (logico) e l'altro analogico.

Il primo è più recente, dimora particolarmente nell'emisfero sinistro, è legato al "codice" per cui consente di comunicare tra persone che hanno lo stesso codice (almeno in una certa misura), è capace di astrazioni, è legato a connessioni logiche. Ad esempio se sai giocare a scacchi e vuoi giocare con un amico, o questo sa anche lui giocare a scacchi od impara come si fa o non si può giocare a scacchi con lui.

Il secondo è più antico, dimora particolarmente nella parte destra del cervello o quanto meno nella parte limbica ancestrale, è legato ai segnali sensoriali e al linguaggio del corpo, è rapido e spesso inconsapevole.

Consente di comunicare attraverso i gesti o il tono della voce (CNV Comunicazione non verbale e CPV Comunicazione paraverbale).

Quindi se noi tentiamo di comunicare con persone di lingua diversa dalla nostra, se non abbiamo alcun codice comune, possiamo comunque comunicare con i gesti, la postura, le espressioni e con il tono della voce.

Dei due livelli, quello analogico scatta per primo e genera impressioni (input sensoriale, scanner, comparazione con immagini del passato, riconoscimento positivo o negativo) influenzando nettamente la relazione che sarà magari poi arricchita, completata, forse trasformata, dai contenuti successivamente trasmessi.

Dunque è chiaro che i contenuti sembrano più di tipo logico, mentre la relazione appare di più nel livello analogico.

Ecco perché come si dicono le cose pesa di più di ciò che si dice.

Nel role play di prima Mario aveva rivolto una richiesta a Francesca e lei si era subito risentita. Non erano state le parole a innervosirla, bensì il tono della voce e quell'indice puntato verso di lei che avevano comunicato una relazione di superiorità che lei non ha accettato, per lo meno inconsciamente. Sei d'accordo Francesca, ti sei resa conto della tua reazione? Ci racconti come ti sei sentita?

Se volete migliorare la vostra comunicazione con gli altri sarà bene tenere presente che non conta tanto ciò che diciamo, conta di più come lo diciamo e questo vale sia sul lavoro che nella vita privata e sociale. (Fig.28)

4° assioma

Gli esseri umani comunicano sia con il modulo numerico che con quello analogico

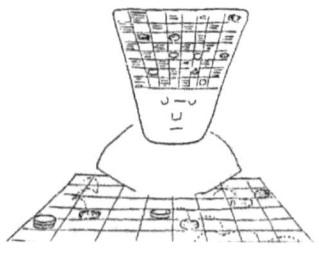

Modulo numerico
(relativamente recente,
permette di fare astrazioni)

Modulo analogico
(arcaico, ha una validità
più generale)

Fig.28

IDEA N° 11

Vi sarete tutti resi conto di quanto io debba al grande Watzlawitck, da cui raccolgo la forza dei principi che ha formulato e che trasformo in idee pratiche da tenere sempre presenti.

Ma il bello deve ancora venire. Stamattina è accaduta una scenetta veramente carina.

Quando si è trattato di andare a prendere il registro, Piero ha invitato Sara ad andare in segreteria, Sara ha risposto che non toccava a lei. Piero ha insistito e Sara ha resistito. Allora Piero ha alzato un po' la voce e Sara ha fatto altrettanto e poco dopo stava per scoppiare un alterco di dimensioni bibliche. Per fortuna Mario ha sedato il conflitto nascente prendendosi lui l'incarico.

Si trattava di uno Stimolo e di una Risposta che generava un nuovo Stimolo che era in realtà una Risposta allo Stimolo ricevuto. Infatti noi non consideriamo abbastanza il fatto che le nostre Risposte sono in realtà anche degli Stimoli e talvolta provochiamo proprio quel tipo di comportamento che vorremmo evitare.

Vi racconto una storia: Giovanni e Maria, marito e moglie. Lei si lamenta che lui tutte le sere rientra a casa, si mette in poltrona, si legge il suo giornale, chiuso in se stesso. Lui si lamenta che tutte le sere Lei si mette ai fornelli e attacca a brontolare. Per cui Lei "accusa" Lui di chiudersi in se stesso e di non dialogare; Lui "accusa" Lei di non saper fare altro che brontolare. Nessuno dei due si rende conto che il comportamento assunto non fa altro che rinforzare il comportamento dell'altro, indesiderato. Così si formano i loop, i circoli viziosi. E' uno stallo che rischia di consolidarsi e di non cambiare più.

Cosa occorre? Bravi, uno dei due deve cambiare gioco, potrebbe essere Lei che chiede a Lui notizie sull'ultima partita della Nazionale (visto che lui legge la Gazzetta Sportiva ed è tifoso del calcio) oppure può essere Lui che chiede a Lei quale manicaretto sta preparando quella sera (visto che Lei è un'esperta cuoca e ci sa fare con i piatti che prepara). E il loop finisce subito, diventa un circolo virtuoso. E' sufficiente che uno dei due non caschi nella trappola della perpetuazione di una Risposta che è in realtà uno Stimolo che spinge l'altro a continuare il gioco perverso.

Succede anche in Azienda? Bene, nella Delega è proprio così, tra Capo accentratore e Collaboratore Passivo, il primo non vede proattività e non dà delega, il secondo aspetta che l'altro gliela dia e intanto non si attiva, così il loop è bello e formato con scontentezza di entrambi.

E' successo anche qui. Claudio potresti venire qui e raccontare come hai preso quella frase durante il caso che abbiamo esplorato? Certo era "sei il solito prevaricatore", come ti sei sentito in quel momento, che cosa hai provato? Certamente disagio e ti ricordi cosa hai risposto? Si "pensa ai fatti tuoi". Francesca tu come ti sei sentita quando hai ricevuto questa risposta? Ah, a disagio pure tu e ti ricordi come hai reagito'? Sì, "sei il solito prevaricatore" e il loop si è subito formato, poi Maria è riuscita a far cambiare discorso al gruppo e la cosa si è fermata lì, ma immaginate che foste stati da soli, cosa sarebbe successo? Certo una escalation, ognuno dei due non avrebbe mollato e sarebbe finita male, come succede talvolta per strada, basta un gesto o una parola e poi si litiga alla morte.

Oppure sui campi di calcio, lo vediamo continuamente in TV, da una piccola cosa si finisce all'espulsione reciproca. Parleremo più avanti di come e perché certe cose succedono, per ora consideriamo che è sufficiente "contare fino a 5" prima di reagire e poi riconoscere almeno in parte ciò che l'altro ti dice in modo offensivo (somiglianze) aggiungendo il tuo punto di vista (differenze) senza prevaricare l'altro. Ad esempio, "so che talvolta esagero con la mia volontà di dare una mano al gruppo e francamente pensavo di dare un buon contributo alla soluzione, non avevo intenzione di bloccare quello che stavi dicendo tu...." Come ti saresti sentita Francesca con questa risposta? Hum e come avresti reagito

Ecco, avete visto tutti che il loop sarebbe stato stoppato.

La risposta non può che essere assertiva, cioè riconosco la legittimità del tuo punto di vista e affermo il mio che è diverso, non contro di te. E' così che si trasformano i circoli viziosi in circoli virtuosi. Non possiamo fare nulla sull'input ricevuto, ormai è fatto, non possiamo nemmeno cambiare il disagio della nostra intima "scatola nera emotiva", possiamo solo cambiare l'output da istintivo aggressivo a assertivo.

Questo è il nostro potere, il nostro potenziale, per sviluppare migliori relazioni con gli altri. (Fig.29)

3° assioma

La natura di ogni relazione dipende dalla punteggiatura delle sequenze di comunicazione tra i comunicanti

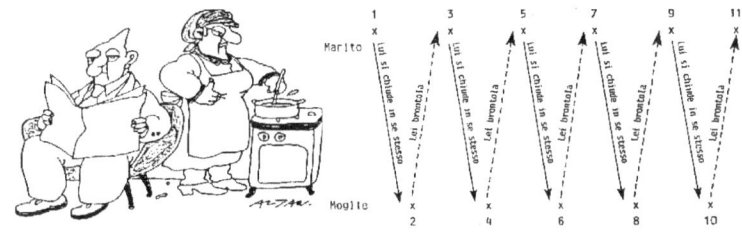

Fig.29

IDEA N° 12

Per concludere il percorso della Pragmatica della Comunicazione Umana, facciamo riferimento al posizionamento che abbiamo gli uni verso gli altri. O ci mettiamo sullo stesso livello (simmetria) o su livelli opposti (complementarietà). Siamo in sintonia quando ci sentiamo bene e sentiamo bene anche l'altro (OK-OK) o quando ci sentiamo in una stessa situazione grama (NON OK-NON OK).

Ad esempio ieri sera mi sono trovato particolarmente bene all'aperitivo con voi, è stata un'esperienza piacevole ed ho la sensazione che anche voi l'abbiate vissuta in modo produttivo.

Oppure, la scadenza dell'acconto IRPEF è vicinissima, che disastro, mi sa che anche per voi gira male.

Può esserci invece differenza di posizionamento "in questa materia sono competente, voi ci arriverete col tempo" (OK-NON OK) oppure "certo che voi con lo stipendio sicuro ve la passate bene, noi consulenti invece non sappiamo come si mette domani" (NON OK-OK).

In realtà non è detto che siano per forza negative, dipende dal contesto, dalla consapevolezza che ne abbiamo, tuttavia è certo che se si bloccano le relazioni in una posizione ne soffre tutta la relazione.

Dunque, piccolo segreto, facciamo come gli antichi romani, pollice verso e pollice recto, comunque li contrapponiate la cosa che conta davvero è che ogni tanto li mettiate in asse, tutti e due su o tutti e due giù. Pensate a Giovanni e Maria, LEI accusa lui e LUI accusa lei quindi pollici sempre rovesciati "tu sei la causa, io l'effetto" pensato da entrambi e così si va in loop.

Non vai d'accordo con tuo padre, va bene, comprensibile, ma ci sarà almeno qualche momento o qualche cosa che permette di mettersi sullo stesso piano.

"Col Capo non ce la posso fare" questa è una delle frasi di stamattina, e non è per niente insolita, ma ci sarà un momento della giornata o del mese in cui posso mettere i pollici dalla stessa parte.

Approfittatene gente, approfittatene. (Fig.30)

One up/One down   One down/One down

One up/One up   One down/One up

Fig.30

Ultimo punto: le relazioni sono sane quando si conferma l'altro "sì, hai ragione su questo punto", se non fosse mai accaduto saremmo ancora nella giungla; altrettanto vale per la negazione "mi dispiace i dati confermano che la mia previsione era corretta", se non fosse mai accaduto saremmo in un mondo omeostatico, in stallo, la negazione è evoluzione.

E' evidente che il fine della relazione non potrà che essere riportare i pollici dalla stessa parte (OK-OK).Ben diversa è la situazione delle relazioni malate: la disconferma è una negazione assoluta e significa "non voglio parlare con te, non mi interessi" ed è drammatica a meno che sia proditoria (ad esempio "vorrei parlarti di una cosa importante, hai tempo?" "certo, siediti – intanto telefona, risponde al computer, dà un messaggio alla segretaria e continua a dire – si, parla, dimmi pure, ti ascolto" – SIC!); il double bind è invece la modalità per cui si dicono due cose opposte, bloccando la persona (ad esempio "sii spontaneo!" – "sii autonomo" impedendoti di esserlo).

A tal proposito vorrei segnalarvi un errore tipico del genere femminile: "caro perché non mi dici mai che mi ami? " – "ma sì, lo sai che ti amo" – "ma non lo dici come voglio sentirlo io" (e grazie se me lo chiedi mi togli la spontaneità).

L'errore che fanno generalmente gli uomini è ovviamente non dirlo prima che gli venga richiesto, quindi ragazzi d'ora in poi ….

IDEA N° 13

Il 13 è il numero della fortuna, dunque nel taschino bisogna mettere davvero qualcosa di importante.

Quando pensiamo a ciò che vorremmo fare nella vita dobbiamo fare i conti con le nostre doti e in particolare con l'Intelligenza posseduta che è il motore delle nostre realizzazioni.

Non c'è dubbio c'è chi nasce con una grande intelligenza e chi ne è meno dotato e fino ad una certa età essa può essere accresciuta, poi si stabilizza e rimane quella che è. Tra l'altro abbastanza presto, per lo meno quella a cui si fa normalmente riferimento. Vorrei oggi dirvi che è il vostro momento fortunato, perché in realtà non è così vero, vorrei dirvi che avete grandi possibilità di aumentare la vostra intelligenza e conseguentemente di facilitarvi il raggiungimento dei vostri traguardi.

Volutamente non ve ne ho parlato prima, anche se ho già fatto con Voi diverse cose che sono in questa direzione: in fondo il mio compito è di facilitare la vostra crescita.

L'Intelligenza non è una, non una sola.

Secondo Gardner esistono sette tipi di Intelligenza che poi lui stesso ha alzato a nove. Senza fare i sofisti vorrei approfondirne qui almeno due, di cui una corrisponde a quanto ho appena detto.

L'Intelligenza Logico-Razionale (particolarmente tipica della parte sinistra del cervello, di cui abbiamo già parlato) è stata studiata approfonditamente dagli Scienziati ed esiste un Test che la misura in modo sicuro e sistematico: il Test del Q.I.

In Italia non viene molto adottato, mentre negli USA da 100 anni è sistematicamente applicato a tutta la popolazione esistente ed è uno strumento di selezione sociale. Vale a dire che ad esempio per accedere alle migliori università americane occorre avere un numero alto di Q.I. mentre non vi si accede affatto se si ha un numero modesto. Altrettanto accade per la copertura di posti prestigiosi e così si è ritenuto sempre che avere un alto Q.I, significasse ottenere più soldi, successo, qualità della vita.

Gli Psicologici cercavano di introdurre altre variabili, ma l'assioma ufficiale è sempre rimasto quello.

Fino al momento in cui è apparso sulla scena del confronto Daniel Goleman che ha dimostrato come esistessero altri fattori meglio correlati (rispetto al Q.I) a successo, soldi, qualità della vita. Lui ha introdotto il concetto di Q.E. (Quoziente Emotivo) che definisce un altro tipo di Intelligenza, Intelligenza Emotiva.

Da uno studio effettuato è risultato che chi aveva alto Q.I. e alto Q.E. nella vita se l'è passata meglio, mediamente, di chiunque altro, così come chi aveva basso l'uno e l'altro, aveva avuto meno risultati di tutti, mentre chi aveva alto Q.E. e basso Q.I. aveva avuto, mediamente, più successo di chi aveva alto Q.I. e basso Q.E.

Dunque la ricerca ha confermato la teoria ed oggi si parla dell'Intelligenza Emotiva come della leva più importante e questo per voi, oggi, è fondamentale, dato che avete superato i 24 anni di vita e non avete più speranza di aumentare il Q.I., semmai di mantenerlo inalterato, mentre il Q.E. adesso che lo sapete può crescere anche vistosamente. Siete contenti? Non saperlo non vi avrebbe aiutato a fare le mosse giuste per crescere, saperlo vi permette di avere self confidence e di fare scelte giuste: a proposito proprio questa è la prima dote dell'Intelligenza Emotiva, la consapevolezza di sé.

Se ricordate siamo partiti dal "conosci te stesso" dei filosofi greci e dopo oltre 2.000 anni la Scienza ci riporta a quel punto. La Consapevolezza di sé ci consente di riconoscere sentimenti ed emozioni provate e di comportarci coerentemente, altrimenti si è dominati dalle situazioni o dagli istinti.

La seconda voce è l'autocontrollo emotivo, fatto fondamentale per realizzarsi. Infatti, senza di esso risponderemmo agli stimoli sempre e solo in base ad una reazione istintiva che, il più delle volte, è finalizzata a liberarci dello stress che lo stimolo ci ha generato. Se da una parte questo è salutare, dall'altra può essere un grosso guaio. Ad esempio, se qualcuno dice una cosa sgradita ad un altro, quest'ultimo avverte un disagio (l'abbiamo visto nei circoli viziosi) e prima se ne libera meglio sta.

Tuttavia il comportamento attuato può rovinare la relazione con l'altro e questo può non essere l'obiettivo. Chi ci fa reagire così, istintivamente, è l'amigdala un organo a forma di mandorlina che si trova nella parte limbica del cervello, la parte più antica. L'amigdala aveva la funzione della sopravvivenza e quindi nella giungla reagiva con immediatezza alle opportunità e alle minacce dell'ambiente (preda/predatore) provocando una reazione attacco/fuga. In condizioni di pericolo l'amigdala ci aiuta ancora perché è rapida nella reazione agli stimoli pericolosi, salvandoci da situazioni critiche, peraltro talvolta, e soprattutto nelle relazioni umane, rischia di rovinarci i rapporti.

Quante volte vi siete morsi le dita per frasi inopportune che avete detto?

Quante volte avreste voluto riflettere prima di parlare o di agire?

Dunque la via alta (la parte neocorticale frontale del cervello) dovrebbe generalmente intervenire per scegliere consapevolmente i comportamenti più opportuni, mentre la via bassa (la parte limbica) dovrebbe essere il più delle volte tenuta a freno.

Vi sono chiari a questo punto alcuni processi dinamici che abbiano vissuto in aula e di cui abbiamo già parlato? Tenere a freno la lingua vuol dire in realtà contare fino a 5 prima di parlare, cioè contenere la velocità dell'amigdala nel liberarsi degli stressori.

Il terzo aspetto dell'Intelligenza Emozionale è l'Empatia, la capacità di cogliere la realtà dell'altro dal suo punto di vista. Vi ricordate quando abbiamo utilizzato l'immagine ambigua della giovane e della vecchia? Quanto è stato difficile per qualcuno individuare l'immagine che non percepiva e come abbiamo seguito un processo che partiva prima dal confermare l'immagine che vedeva (somiglianze) per aprire la disponibilità a individuare la seconda immagine (differenze).

Anche nelle discussioni avrete sicuramente colto come chi sosteneva un'idea faceva fatica ad ammettere un'idea diversa. Dunque siamo Intelligenti emotivamente quando sappiamo ascoltare, ascoltare davvero il punto di vista dell'altro, che è alla base per poi affermare il nostro.

Ed ecco il quarto aspetto dell'Intelligenza Emozionale: l'assertività. Ne abbiamo già parlato, la capacità di affermare i propri diritti senza ledere quelli altrui, risultare autorevoli e credibili grazie al fatto che abbiamo rispetto per gli altri ed anche per noi stessi. Chi è intelligente emotivamente somatizza meno, proprio perché non soffoca i propri sentimenti e li sa esprimere compiutamente nelle varie situazioni. Riconoscerete a questo punto che lo stile di gestione dell'aula è sempre stato impostato in questo modo, sia che conducessi io, per ruolo, sia che conduceste voi, per pratica.

Dunque abbiamo continuamente sperimentato nel concreto ciò che l'approccio teorico indica come eccellenza, in fondo siamo già cresciuti tutti in questi giorni.

Non è una bella notizia per il numero 13? (Fig. 31 e 32)

INTELLIGENZA EMOTIVA

CAPACITÀ DI RICONOSCERE I NOSTRI SENTIMENTI E QUELLI DEGLI ALTRI, DI MOTIVARE NOI STESSI, E DI GESTIRE POSITIVAMENTE LE EMOZIONI, TANTO INTERIORMENTE, QUANTO NELLE NOSTRE RELAZIONI

Fig.31

INTELLIGENZA EMOTIVA

SELFAWARENESS
Autoconsapevolezza Emotiva

SOCIALAWARENESS
Empatiz

SELFMANAGEMENT
Autocontrollo

SOCIALCOMPATIBILITY
Assertività

Fig.32

IDEA N° 14

Dopo aver fatto 13 ci vuole una bella celebrazione.

Posso chiedervi di mettere una sedia al centro e di togliervi le scarpe? Magnifico. Adesso uno per volta, a turno, salite sulla sedia e dite a tutto il gruppo 5 cose per cui vi piacete, siate sinceri e spontanei, non abbiate pudori.

Bene, ognuno di voi ha ricevuto applausi meritati per ciò che avete detto e per come l'avete detto.

Soprattutto è risultato chiaro che non è facile parlare di sé, di norma pensiamo sempre un gran bene di noi stessi, tuttavia esporlo è un'altra cosa. Eppure una "botta di autostima" ogni tanto ci vuole.

Dobbiamo riconoscere che in fondo ci piacciamo e che abbiamo buoni motivi per piacerci e così forse piaceremo di più anche gli altri e forse forse anche agli altri piaceremo di più, se sappiamo accettarci per quello che siamo.

Consapevolezza, autocontrollo emotivo, empatia, autorevolezza, in fondo in pochi minuti abbiamo fatto un passo in più e ne siamo tutti grati a noi stessi e agli altri.

Taschino, please.

IDEA N° 15

Semplifichiamoci la vita, anzi non ce n'è bisogno, ci pensa il nostro cervello.

Una volta un Ricercatore che stava studiando il comportamento delle scimmie, mentre era in Laboratorio si sbucciò una banana e cominciò a mangiarla. Notò che una delle scimmie collegata ad elettrodi per studiare la corrispondenza tra movimenti fisici e attivazione di aree corticali del cervello, stava ripetendo lo schema di un'azione motoria similare. Da lì nacque la constatazione che esistevano "neuroni a specchio", cioè neuroni che riproducevano i movimenti come se fossero attuati effettivamente, semplicemente osservandoli. La prosecuzione degli studi confermò la scoperta e poi fu estesa anche all'uomo, per cui oggi si sa che nel nostro cervello, quando osserviamo qualcuno compiere gesti, si riproduce la stessa sequenza come se la facessimo noi.

Per cui nelle relazioni umane in realtà siamo molto facilitati dalla tendenza ad assomigliare agli altri, la stessa empatia è con tutta probabilità connessa con questa produzione di particolari neuroni che riproducono l'altro.

Basta un'osservazione attenta, focalizzata, e tac!

Ecco che siamo immediatamente, o meglio abbiamo immediatamente una percezione corrispondente nel nostro cervello.

Che tu sia Capo, Collaboratore, Collega, Venditore o Cliente, o semplicemente Partner, hai fisiologicamente una percezione automatica dell'altro e questo dovrebbe consentirci di entrare facilmente in empatia con chiunque.

Puoi anche avere fiducia che, se ti concentri, osservi, ascolti, il rapporto che svilupperai sarà (potenzialmente) sintonico. E' sicuramente successo in quest'aula, molte volte, e adesso che siete tutti più sensibili probabilmente ve ne siete resi conto.

Non è che per forza tutti improvvisamente ci diventano simpatici, naturalmente, tuttavia è certo che abbiamo una grande possibilità di comprensione di come l'altro è fatto e forse questo aiuta anche ad avere più comprensione e rispetto.

Se ciò che l'altro fa, è rappresentato nel mio cervello, dunque è per così dire dentro di me, anche un pezzetto di me sarà dentro di lui e dunque sarà più facile stabilire una relazione equa, paritaria, come dicevamo ieri, OK – OK.

In fondo quando si dice che gli occhi sono lo specchio dell'anima, oggi con la Scienza possiamo dire negli occhi c'è lo specchio dell'anima (dell'altro).

IDEA N° 16

L'ultima voce dell'Intelligenza Emotiva esplicita l'abilità di esprimere i propri diritti, pensieri, convinzioni, senza per questo offendere l'altro o ledere i suoi diritti.

Autorevolezza o Assertività che dir si voglia.

Questo è un tema che abbiamo ripetutamente affrontato nelle attività svolte e anche nei principi didattici che abbiamo esposto e condiviso.

Tuttavia, un conto è parlarne, ben altro è agire rispettandosi l'un l'altro. Basta guardare il mondo esterno, le risse in TV, gli scontri apocalittici, le coppie che si scoppiano, le disattese tra Capo e Collaboratore e così via.

In realtà l'evoluzione e la società "moderna" ha talmente lavorato sull'io da renderlo ipertrofico e da sviluppare modalità relazionali in cui i diritti si pretendono sempre di più e il rispetto di quelli altrui si osservano molto di meno.

Non è un discorso "morale" quello che possiamo fare, non è la sede e non è il nostro obiettivo.

Facciamo invece un discorso di convenienza. A breve termine se ti porti qualcosa a casa di più dell'altro con cui sei in conflitto, ti senti meglio e sei contento, peraltro se sai guardare a lungo termine il rischio è di compromettere la relazione e quindi di ottenere alla fine uno svantaggio, una diseconomia, qualcosa di sgradito.

Come abbiamo sperimentato in aula nelle varie dinamiche pretendere di prevaricare non giova allo sviluppo della squadra, mentre affermare positivamente le proprie idee può portare al consenso e alla produzione di risultati superiori.

L'Assertività è letta dagli americani come un comportamento che afferma potentemente se stesso, mentre nella nostra cultura significa proprio alta considerazione per gli altri e alta considerazione per sé: dunque non è necessario e nemmeno utile, cedere facilmente o aggredire/offendere, meglio senz'altro riconoscere il punto di vista altrui e ribadire correttamente il proprio. Talvolta bisognerà comunque scegliere fra opzioni diverse, sarà sempre più facile farlo a partire da un'accettazione dei diversi pareri più che da un'opposizione feroce o da un accordo di facciata.

Essere assertivi significa dire: "ho capito il tuo punto di vista e mi sembra interessante, vorrei anche che tu ascoltassi il mio pensiero". Se il confronto è un potenziale di crescita, bisogna anche che esso possa essere gestito in modo reciprocamente accettabile.

Ricorderete tutti che nell'esercizio appena svolto gli interventi migliori (più efficaci) sono stati quelli nei quali chi proponeva un percorso di problem solving si dimostrava attento a considerare le posizioni diverse appena espresse da altri. Del resto dei conflitti abbiamo già parlato, sia di come affrontarli, sia di come risolverli. (Fig.33)

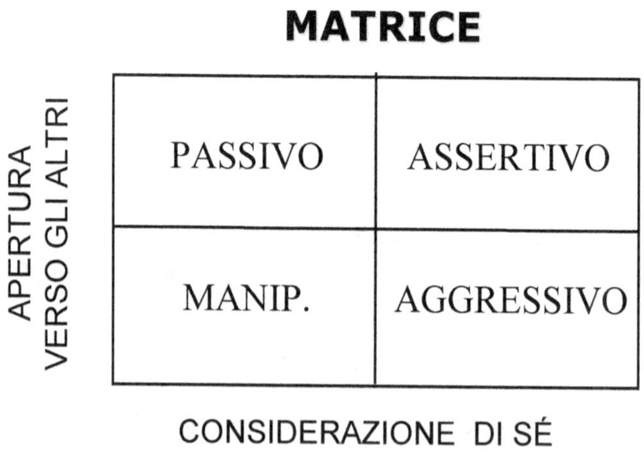

MATRICE

APERTURA VERSO GLI ALTRI	PASSIVO	ASSERTIVO
	MANIP.	AGGRESSIVO

CONSIDERAZIONE DI SÉ

Fig.33

Se una persona sostiene un'idea o un'interpretazione questa è comunque legittima dal punto di vista in cui sta traguardando i fatti, tuttavia è chiaro che possono esserci punti di vista diversi altrettanto legittimi e occorre poi trovare una sintesi efficace tra i diversi modi di pensare oppure valutare le alternative in un'ottica più generale.

Le persone autorevoli affermano se stessi e rispettano gli altri.

IDEA N° 17

Abbiamo appena messo nel taschino un principio di buona relazione sociale, tra l'altro connesso alla salute fisica (oltreché psichica e sociale) in quanto riduce il tasso di stress che ogni giorno sopportiamo nelle relazioni con gli altri.

Siccome non è sempre così facile seguire i principi e le relazioni talvolta sono difficoltose, ecco che ci sorregge una tecnica pratica per risultare appunto autorevoli, ottenere ciò che vogliamo rendendo agevole l'accettazione delle nostre (legittime) richieste a chi si comporta in modo poco appropriato.

Riprendo una situazione d'aula: Mario è stato contrato più volte da Raffaele e non sempre in modi urbani. E' vero che la disputa era importante ai fini dell'esecuzione del compito, tuttavia è parso a tutti e l'avevamo sottolineato, che certi interventi erano fin troppo personalistici. Non sembrava che fosse una lotta per la Leadership nel gruppo, comunque certamente rischiava di destabilizzare l'unione del gruppo. Ho aspettato ad affrontare la tematica per lasciare spazio ad una modalità di risoluzione di una possibile e latente difficoltà di dialogo fra i due, che adesso introduco.

Quando si assiste ad una sistematica violazione dei propri diritti oppure a comportamenti inadeguati dal nostro punto di vista o si interviene in diretta e ne abbiamo già parlato più volte oppure occorre affrontare la situazione una volta per tutte. Il rischio di diventare aggressivi è molto alto, restare passivi è un pericolo ancora più grande (somatizzazione dello stress), cercare manovre diversive lascia il tempo che trova, quindi che fare?

Ottimo, Francesca. Bisogna affrontare l'argomento restando sui fatti, perché se si citano giudizi scattano i meccanismi di difesa e si entra nel loop.

Quindi atto numero 1: cronaca fedele degli eventi accaduti (e non graditi) senza ricorso al giudizio, solo i FATTI nudi e crudi. Poi?

Certo, Ignazio, se non dobbiamo colpire possiamo esprimere almeno come ci siamo sentiti noi nella vicenda e perché, fantastico. Esprimere i propri SENTIMENTI in merito e poi?

Molto bene Luigi, inutile rivangare o restare sulla parte negativa evocata (oggettiva per tutti e due, soggettiva per sé), meglio indicare il comportamento auspicato, ovviamente presentandolo col condizionale, d'accordo, e poi?

Fantastico Maria, bisogna "venderlo", renderlo cioè utile e vantaggioso per entrambi, per l'azienda, per il team.

Dunque Mario e Raffaele provateci e fatelo reciprocamente, usando la Tecnica DESC (Descrizione, Espressione, Specificazione, Conseguenze).

Mario: "Mi sono reso conto che negli ultimi esercizi ci siamo trovati in disaccordo su diversi punti e che il confronto tra di noi è risultato molto acceso e talvolta duro; mi sono sentito fortemente a disagio, anche perché così evitavo di fornire ulteriori contributi per evitare situazioni peggiori; sarebbe meglio che tu proponessi le tue alternative rivolgendole al gruppo intero in modo da allargare il confronto e da evitare una contrapposizione diretta tra di noi; così potremmo entrambi continuare a dare le nostre energie al lavoro di gruppo senza rischiare di disperderle in dispute personali".

Abbastanza bene!

Raffaele: "Nell'ultimo esercizio avevi sostenuto con forza la tua posizione, al punto che c'è stato un momento di silenzio nel gruppo; mi sono sentito molto preoccupato per lo sviluppo delle relazioni fra di noi tutti e per questo ho probabilmente contrato in maniera decisa quanto tu stavi affermando; mi piacerebbe che nel prossimo esercizio tu continuassi a fornire i tuoi pregevoli contenuti esponendoli in modo più pacato; così mi sentirei più tranquillo nel valutarne la portata e tutto il gruppo potrebbe interagire meglio".

Molto bene!

Esercitatevi, esercitiamoci (anch'io non sempre sono stato così assertivo) e miglioreremo il mondo e noi stessi. (Fig.34)

ASSERTIVITÀ IN AZIONE

D ESCRIZIONE   **(FATTI)**

E SPRESSIONE   **(SENTIMENTI)**

S PECIFICAZIONE   **(AUSPICATO)**

C ONSEGUENZE   **(BENEFICI)**

Fig.34

IDEA N° 18

Abbiamo velocemente accennato ai comportamenti sociali meno efficaci, l'approccio passivo e l'approccio aggressivo, evidenziando come entrambi rendano meno autorevoli.

Alcuni autori ritengono che sono comportamenti socialmente pericolosi per sé e per gli altri, intendendo ovviamente la validità delle relazioni e il successo nel costruire rapporti positivi, stabili e duraturi con gli altri, sia in famiglia che sul lavoro.

Noi stessi qui ci siamo resi conto, più volte, che nei lavori di gruppo e nei role-play non sempre è tutto filato liscio, spesso proprio a causa di silenzi subìti e di prevaricazioni un po' ardite.

Sicuramente fa parte della vita: teniamo conto che "un bel tacer non fu mai scritto", quindi talvolta è più conveniente sotto molti punti di vista, accettare una situazione piuttosto che innescare una guerra inutile; anche si dice "quanno ce vo', ce vo'", quindi in qualche caso si può anche far sentire la propria voce. Sarete d'accordo, immagino, che il più delle volte occorre ricorrere al comportamento assertivo in quanto foriero di migliori risultati per sé e per gli altri.

Dunque, senza magie, riconosciamo la possibilità di variare i nostri comportamenti in funzione di contesti e situazioni, cercando di manifestare al meglio le nostre idee rispettando quelle degli altri. Se ripeto questo concetto, lo faccio di proposito, perché è centrale nello sviluppo sociale di una persona, di un professionista. D'accordo? Il vostro generale silenzio rivela un comportamento passivo che ho innescato con la forza delle mie espressioni e con un tono da "professore", spero inatteso. Per garantire la comprensione dell'argomento scrivete sul vostro blocco almeno 10 frasi assertive da usare sistematicamente nelle relazioni conflittuali! Il coro di proteste che è seguito alla mia affermazione rivela un comportamento aggressivo in risposta ad un impegno che va oltre le righe e che non è da voi gradito. Entrambi gli atteggiamenti esibiti sono legittimi e comunque almeno possibili, l'alternativa è riconoscere l'importanza della richiesta e negoziare le modalità di esecuzione/applicazione.

Ancora una volta sentiamoci liberi di intervenire, tenendo conto di come mantenere una buona relazione, orientati più al fine che agli strumenti in sé. Per voi questo è importante perché vi aiuterà a essere meglio accettati dagli altri e a far passare le vostre idee.

Cosa sto facendo ora? Giusto, Maria, sto manipolando.

Questo è il quarto tipico comportamento sociale.

Sto cercando di far passare idee, valori, opinioni senza far capire o dichiarare l'intenzione vera. Spesso si ricorre a questo mezzo per pudore, per paura di dire le cose chiaramente (come pretende l'assertività) o semplicemente per abitudine sociale. Perdonabile.

Tuttavia la manipolazione può essere utilizzata in modo subdolo, proprio per ottenere qualcosa dagli altri senza averlo chiesto esplicitamente oppure per indurre a seguire idee, orientamenti, soluzioni. In questo senso può essere pericolosa. Infatti, se ad un bambino racconti il sesso in modo indiretto, metaforico, gentile, questo ci sta, perché non sarebbe in grado di comprendere e potresti anche fare danni. Così come talvolta nelle relazioni sociali disporre di tatto, dire le cose in modo diplomatico, può essere molto conveniente ed efficace. Dobbiamo comunque riconoscere che il ricorso sistematico alla manipolazione alla lunga è inefficace per se stessi e certamente anche per gli altri.

In conclusione quando si parla di Assertività, occorre avere chiaro quali sono le opzioni inefficaci e fare una scelta di fondo ispirata al massimo rispetto degli altri e alla migliore affermazione di sé.

Un aspetto particolare è la "capacità di dire di no": è chiaro che riesce facile ad un Aggressivo (salvo poi rischiare di essere chiamato "bastian contrario"), così come riesce difficile ad un Passivo, tanto più se c'è di mezzo l'asse gerarchico. Una buona norma è non dire mai un no secco e meno che meno immotivato (il "no, perché" è già meglio), tuttavia il modo migliore è dire "Sì, se..." indicando cosa potrebbe permettere di fare quel lavoro che va oltre le nostre possibilità e vincolando dunque la risposta alle condizioni che consentirebbero di aderire alla richiesta.

Insomma, essere chiari e trasparenti non è facile, comunque assicura autenticità e rispetto.

IDEA N° 19

"Non sono capace di vendere nulla!" "Capisco, eppure lo stai facendo proprio in questo momento!"

Questo è un classico, molte persone sostengono di non essere capaci di vendere, tuttavia non fanno altro da quando sono nate. E' ben vero che un conto è svolgere la funzione di Venditore e ben altra è sostenere e proporre le proprie idee. E' comunque altrettanto vero che per ottenere ciò che vogliamo, fin da bambini, cerchiamo di convincere altri (genitori, insegnanti, amici, ecc.) a fare quello che vogliamo noi.

Dunque "vendiamo".

Tutti sono capaci di vendere quando hanno un bisogno e ravvisano che l'interlocutore lo può soddisfare: fa parte della vita. Mario prima ha cercato di convincere Francesca a raccogliere gli spunti che emergevano dal lavoro di gruppo e cosa ha detto? "Francesca, pensi tu a raccogliere le varie opzioni? Così puoi presentarle agli altri gruppi e ci fai fare una bella figura!" Bene, la prima parte della frase è una richiesta di attribuzione di incarico (qualcuno lo deve pur fare), la seconda è il beneficio per Francesca (stimola la sua autostima) e per il gruppo di cui fa parte (stimola la responsabilità di immagine) quindi vende".

Ogni giorno nell'ambito delle relazioni che sviluppiamo con gli altri "vendiamo", non è scandaloso, è semplicemente impossibile il contrario: dovremmo spiegare ogni volta quello che stiamo facendo e indicare la cornice entro cui deve essere letta la nostra proposta o richiesta.

Pensate agli amici che devono decidere dove andare stasera e vi accorgerete subito che al di là delle idee proposte ci sarà senz'altro qualcuno che spinge per una soluzione, evidenziandone i "benefici" per il gruppo.

Quando tutto si svolge alla luce del sole non c'è problema, mentre quando si manipola, come abbiamo già visto, si possono creare tensioni o generare sfiducia, pregiudizio, contraccolpi.

L'attività di Vendita è spesso vista in questo modo e appare talvolta come qualcosa da evitare, tuttavia non sta scritto da nessuna parte che per vendere occorra manipolare, si può essere professionisti della vendita integri e corretti. Credo sia per questo che diciamo "io non so vendere" come per affermare che si è onesti e non si cerca di manipolare l'altro.

Siccome manipolare è comunque inevitabile, dato che tutto ciò che facciamo influisce sull'altro, il vero problema è agire con coerenza e con sane intenzioni, esplicite, così da evitare malintesi o peggio di ritrarsi anziché sostenere un punto di vista meritevole.

Per cortesia, non cerchiamo più di vendere agli altri che non sappiamo vendere, se no li manipoliamo (sic!).

IDEA N° 20

"Quindi il principio sulla vendita vi ha interessato?"

"Bene e volete approfondire la connessione con il lavoro manageriale?". Ci provo, è un mio pallino.

Immaginate di trovarvi ad una riunione di lavoro in cui si tratta di decidere se affrontare un terzo turno in produzione o affidare all'esterno le lavorazioni. E' evidente che il confronto sarà serrato tra i favorevoli per lo sviluppo interno e i contrari ("chi ce lo fa fare? Ci prendiamo delle rogne!").

Ognuno porterà ragioni valide e cercherà di convincere gli altri che la propria idea è la migliore, onestamente "venderà" i benefici che ne derivano o le conseguenze che si dovranno affrontare.

Le abilità personali di persuasione avranno una loro importanza al di là dei fatti tecnici.

Se una persona ha ragioni da vendere e poi non le sa vendere, rischia di non ottenere consenso.

A mio avviso, questo non significa che la capacità di parlare e convincere debbano prevalere sulle ragioni obiettive che spingono in una direzione o in un'altra, di certo comunque influenzeranno pesantemente.

Dunque, apprendere a comunicare efficacemente, riconoscendo le ragioni degli altri e sapendo proporre le proprie in modo convincente è vitale per avere successo anche nel mondo manageriale.

Del resto con Watzlawitch abbiamo già approfondito le capacità comunicazionali in senso lato.

Un altro esempio potrebbe essere il colloquio di selezione: avete risposto ad un annuncio per una posizione interessante e volete essere assunti. Il filtro è rappresentato da un incontro con un Selezionatore che dev'essere convinto di portare avanti la Vostra Candidatura. Una parte importante sarà costituita dall'aderenza delle Vostre caratteristiche professionali al profilo in oggetto, tuttavia sarete d'accordo con me che gli aspetti personali avranno un rilievo altrettanto importante.

Se volete quel posto dovrete convincere l'interlocutore che voi siete la migliore soluzione per quell'incarico, dunque avete necessità di "vendere" voi stessi, cosa che pensate di non sapere fare e che invece fate ogni giorno da quando siete nati.

Già nella presentazione iniziale ognuno di voi ha "venduto" se stesso perché era importante rappresentarsi al meglio sia nei miei confronti che verso i colleghi, quindi è un fatto acclarato e un buon Manager deve necessariamente "saperci fare" anche nel proporre le proprie idee e soluzioni, magari "onestamente".

IDEA N° 21

Siamo arrivati a 20 idee su 100 possibili per il Vostro taschino, dunque abbiamo coperto l'essenziale. Infatti è il 20% del tempo che genera l'80% dei risultati.

Dunque se applicate in pieno questi principi potrete già conseguire un risultato eccellente, una performance superiore che vi conduce direttamente a centrare il bersaglio dei vostri obiettivi.

Il principio dei principii è proprio questo: il 20% che genera l'80%, è dimostrato sia sul piano economico (Wilfred Pareto), sia nell'operatività quotidiana.

Particolarmente in questi periodi stressati e condizionati dalle mail eccessive, dal tempo enorme dedicato a Internet e al web, dalle esigenze continue e pressanti da ogni dove, dobbiamo ritrovare il centro.

Il nostro centro è chiarirci le idee su cosa vogliamo veramente dalla vita e da noi stessi (e anche dagli altri). Poi occorre selezionare le azioni che ci indirizzano proprio lì e dare loro una priorità assoluta, rimandando o gestendo in secondo luogo le altre amenità professionali e personali che consentono di raggiungere quell'ultimo 20% che impegna l'80% del nostro tempo.

Basta osservare le Aziende di oggi e ci si accorge subito dell'enorme dispersione di tempo: riunioni infinite e troppe, fatte più per rassicurarsi e difendersi che per portare risultati concreti, mail inviate a tutti per scaricarsi di responsabilità (ah! Io te l'ho detto ...), decisioni che non si prendono mai, attuazioni di decisioni in tempi assurdi, fretta continua e spasmodica di rispondere ad ogni stimolo sul nascere, programmazioni mai fatte o se fatte mai realizzate come pensate, rincorsa continua.

Anche in quest'aula diverse discussioni sono uscite dal seminato, alcuni lavori di gruppo sono sembrati interminabili e talvolta inconcludenti. Se qui era previsto dal copione degli esperimenti lanciati, in una zona confortevole dove ogni errore è solo un'occasione per apprendere meglio e di più, nella vita reale sarebbe stato un costo troppo oneroso.

Dobbiamo riorganizzare le nostre vite, ritrovando il centro, liberandoci dai condizionamenti esterni eccessivi, ritrovando le giuste priorità (un Manager stanco e stressato non giova certo alla "salute" aziendale), bilanciando lavoro e tempo libero, riflettendo e pianificando anziché agendo senza sosta, fissando obiettivi realistici e coerenti con i nostri valori, dandoci tutti da fare per realizzare un mondo migliore.

Il principio 20/80 ci richiama alla mente vision e mission, anche a livello personale, se hai chiare quelle e agisci coerentemente, potrai lavorare di meno e ottenere di più, per te e per gli altri

In un mondo che "pompa" l'IO come se fosse il nostro 80%, la sola cosa che conta, dobbiamo ritrovare il senso dell'ALTRO e delle proporzioni, riportandolo al 20% dei nostri interessi e così facendo raggiungeremo comunque l'80% della nostra autorealizzazione.

Continua .... con le altre 79 idee che ti daranno il 20% della tua crescita!

CONCLUSIONI

Perché ho utilizzato il titolo 100 IDEE quando poi ne ho esposte solo 21?

Innanzitutto tra le righe appaiono sicuramente idee aggiuntive rispetto a quelle dei singoli titoli e argomenti, in secondo luogo avrei rischiato di diventare noioso e ridondante, in terzo luogo le Ricerche Scientifiche in campo neurologico provano che un'azione ripetuta 21 volte diventa acquisita a tutti gli effetti nel comportamento reale.

Dunque, ho scelto 21 per uniformarmi al principio di funzionamento della nostra mente, augurandomi e augurandovi che ognuna delle idee venga replicata nella pratica quotidiana per 21 volte, così diventerà un'abitudine positiva e un cambiamento concreto, innalzando le vostre performance.

Del resto il cambiamento (e la crescita professionale in un continuo grande cambiamento) è la sostituzione di modelli di comportamento più efficaci a quelli abituali, quindi a creare nuove abitudini più performanti.

Inoltre il lavoro principale lo svolgono sempre piccole grandi innovazioni a cui aggiungere nel percorso altri comportamenti accessori.

Secondo le ricerche neurologiche più recenti, quando attivi nuovi neuroni apri la strada ad altri mutamenti neurali, per cui cambiando il poco finisci per cambiare il molto.

Dunque 20% con le 21 idee e 80% con quelle che si svilupperanno automaticamente, una volta attivati e applicati i principi base.

"Don't give up!" Non mollare è il detto ricorsivo di noi Maratoneti quando arriviamo al momento della stanchezza e dobbiamo contare sulle forze psichiche e spirituali per reggere quegli ultimi impegnativi e decisivi chilometri che ci separano dalla gloria.

Quindi, tieni duro, non mollare, insisti nel praticare quanto appreso in questo sintetico contributo al tuo sviluppo personale, se ci credi e ci credi veramente, il mondo è tuo.